대화의 밀도

나를
나답게 하는
말들

대화의 밀도

나를
나답게 하는
말들

하루의 대화가 평생 가슴속에 뜨겁게 살아 있는 경우도
있지만, 수십 년에 걸친 대화의 부재가 평생 차가운 응어리로
가슴을 짓누르는 경우도 있다. 그렇게 우리는 대화로
살고 대화로 죽는다. 좋은 대화는 잊을 수 없고,
나쁜 대화는 견딜 수 없다.

류재언 지음

라이프레코드

선율, 선웅, 이도에게

이 책을 선물한다.

여는 글

저마다 대화의 밀도가 다르다

가시 돋친 말을 주고받고 나면 결국 불편한 관계가 되고 맙니다. 만날 때마다 과거 이야기만 하게 되는 사람은 엄밀히 말하면 과거 속 관계일 뿐이죠. 그 사람과의 대화의 여운이 오래 남아 일상에서 자꾸 그의 온기가 전해지는 사람은 그리운 관계이고, 그 사람과 나눈 대화가 불덩이처럼 가슴을 뜨겁게 만드는 사람이 있다면 사랑하는 관계일 것입니다.

돌이켜보면 나에게 관계는 대화의 질로 규정되어 왔습니다.

어느 여름 저녁, 오랜 친구 수환이와 나눈 대화가 기억에 남습니다. 폭풍 같은 한 주를 보내고, 몸도 마음도 많이 지쳐 있는 상태였습니다. 친구와 둘이 양평집 한 켠에 놓인 편안한 의자에 앉아 우리가 좋아하는 음악을 틀어두고 해질녘 먼 산을 바라보면서 이야기를 나누었습니다.

지극히 사소한 감정들과 일상의 생각들, 앞에 보이는 구름과 뒤에 보이는 구름의 색깔이 다르다는 이야기, 맞은편 산이 생텍쥐페리의 어린왕자에 나오는 코끼리를 삼킨 보아뱀처럼 생겼다는 이야기, 요즘 즐겨 듣는 음악에 대한 이야기, 이도와 하늘이 육아에 대한 이야기, 마흔의 남자에 대한 이야기, 가족 휴가에 대한 이야기….

도란도란 대화를 나누는 짧은 시간 동안 지난 일주일의 피로가 씻겨 내려가는 기분이 들었습니다.

그냥 아무 말 하지 않아도 대화의 공백이 어색하지 않는 대화.

사소한 일상이 자연스럽게 공유되는 대화.

서로의 감정을 과장해서 드러내지 않아도 되는 대화.

툭 하고 맥락 없이 생각을 털어놔도 불편함이 없는 대화.

서로를 향한 조언이 애정에 기반해서 별다른 오해를 일

으키지 않는 대화.

　지속적인 관계에서 깊은 정서적 교감을 주고받는 내 사람과 나누는 대화는 같은 시간을 함께해도 대화의 밀도가 다릅니다. 그런 대화는 항상 그립고 목마릅니다.

　　　　　　　　　　　　　　　　　　　　　　류 재 언

목차

2   따뜻하고, 기품 있게 대화해 볼 것

3   대화 공포증 유발자

4   당신과 대화할 수 있어서, 참 다행이다

5 　 나를 힘껏 끌어안는 시간

6 추억은 더 나은 사람을 꿈꾸게 한다

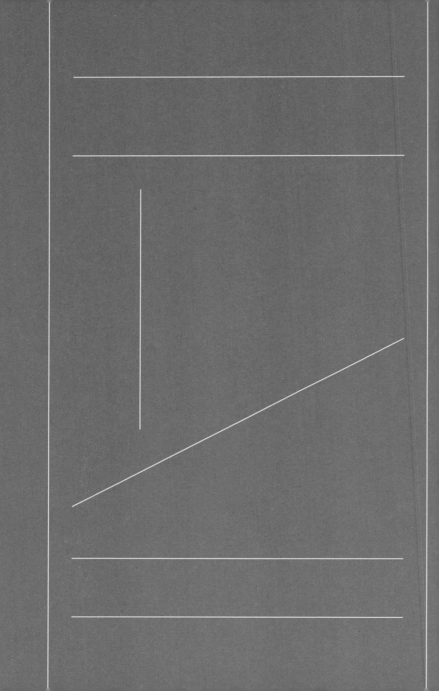

1

좋은 대화는 잊을 수 없고,
나쁜 대화는 견딜 수 없다

진심을 나눈 인생

변호사 시험을 마치고 열람실 자리를 정리하기 위해 학교에 들렀다. 전투를 치르기 전 긴박했던 그리고 치열했던 최후의 흔적들이 75센치 폭의 내 자리에 고스란히 묻어 있었다. 법전, 교과서, 문제집, 요약집, 일정표, 가족사진, 포스트잇에 쓴 다짐의 글들. 열기가 채 식지 않은 내 자리를 치우는 내내 복잡한 감정이 나를 사로잡았다.

지난 3년간 하나의 목표만 보고 달려온 나였다. 우리가 인생에서 목표 하나를 붙잡고, 그 목표를 향해 완전히 집중할 수 있는 시간이 얼마나 될까? 지난 시간이 주마등처럼 머릿속을 스쳐 지나갔다. 결과와 상관없이 흔들림과 부침 속에서도 고독한 레이스를 완주한 스스로에게 대견한 마음이 들었다. 그렇게 열람실을 정리하고 나가는데, 문득 이런 생각이 들었다.

'이제는 어떻게 살아야 하지?'

수년간 손꼽아 기다렸던 목표가 이루어지기 직전, 그 목표가 일상을 짓눌러 정작 그다음에 대해서는 생각하지 못했다. 어떻게 살아야 할지, 어떤 방향으로 나아갈지, 그리고 어떤 삶이 '성공한 인생'인지 생각해 볼 여유 없이, 그냥 앞만 보고 달려온 시간이었다.

저녁에는 차 교수님과 약속이 있었다. 지난 3년간 심리적으로 흔들릴 때마다 나를 다잡아 주던 교수님과 간만에 마음 놓고 삼겹살에 소주를 한잔하고 싶었다.

후문에 있는 포장마차 느낌이 나는 허름한 식당에서 교수님을 만났다. 만나자마자 눈주름이 진하게 지도록 활짝 웃으시더니 '수고 많았다'라며 내 손을 꼭 잡으셨다.

지글지글 익는 삼겹살을 구우며, 교수님의 빈 소주잔을 채웠다. 몇 잔을 주거니 받거니 마시다가 교수님께 묻고 싶었던 말을 꺼냈다.

"교수님, 성공한 인생이란 무엇인가요?"

검사로 법조인 생활을 시작하신 후 변호사로서도 승승장구하고, 인권 변호 활동과 지역사회 마을 도서관 짓기 운동을 펼치고, 이후 법학전문대학원에서 후학을 양성하는, 소위 말해 '성공한 삶'을 살고 계시는 교수님은 왠지 이 질문에 대한 답을 아실 것 같았다.

교수님은 소주 한 잔을 입에 털어 넣으시더니, 내 눈을 지긋이 바라보고 이렇게 말씀하셨다.

"재언아, 내가 생각하기에 성공한 인생은 진심을 많이 나눈 인생이라고 생각한다."

나는 '성공한 인생'이 무엇인가를 묻는 질문에, 이렇게 서정적인 대답이 나올지 전혀 예상하지 못했다. 알딸딸하게 취기가 올라온 분위기에서도 교수님의 말투와 문장이 또렷하게 기억이 나지만, 당시에는 그게 무슨 의미인지 차마 생각하지 못했다.

한참이 흘러 서초동 바닥에서 변호사 생활을 하며, 이따금씩 멘탈이 탈탈 털려 '성공이 다 뭐냐, 내가 무슨 부귀영화를 누리려고 이러고 있나? 이렇게 사는 게 맞나?'라는 생각이 들 때, 그때 그 포차집에서 교수님이 하신 말씀이 가끔 떠오른다.

변호사로서 살아온 지도 어느덧 십 년이 훌쩍 넘어간다. 교수님께서 수십년 전 걸어온 길을 뒤밟으며, 이제야 그 말이 어떤 의미인지 어렴풋이 이해가 된다. 특히 교수님이 말씀하신 '성공한 인생'의 모습과 다르게 내 시간과 에너지를 쏟고 있을 때, '지금 내 인생이 소모되고 있다'라고 느낄 때가 많았다.

인생을 논하기에는 아직 충분한 삶을 살지 못했다. 그렇지만 비교적 확실하게 느껴지는 것들도 있다. 매일같이 초조함을 느끼며 밤 늦게 공부하고 있는 제자들을 둘러보고 조용히 열람실을 빠져나가시던 교수님의 뒷모습에, 시험을 망치고 자포자기한 심정으로 방문한 제자에게 '괜찮다. 이 정도면 잘한 거다. 너는 더 잘할 수 있다'라며 격려해주신 그 마음 씀씀이에, 집으로 제자들을 초대해 마당에서 막걸리를 마시며 목놓아 노래 부르던 교수님의 해맑은 모습에, 나와 우리 동기들은 교수님으로부터 충분한 진심을 느꼈다.

요즘은 자주 뵙지 못하고 문자로 짧은 인사를 나누곤 하지만, 가끔 뵐 때마다 교수님의 말과 표정에는 아직도 제자들을 향한 애정과 진심이 잔뜩 묻어남을 느낀다.

어떻게 살아야 잘 사는 삶인지 사실 잘 모르겠다. 그래도 인생 선배 차 교수님께서 알려주신 그날의 말은 내가 어두운 골목을 거닐 때마다 항상 힘이 되고 빛이 된다. 진심 어린 조언이 주는 힘이란 이런 것이 아닐까. 누구보다 진심을 많이 나누며 살아온 차정인 교수님을 존경하며, 나도 누군가에게 이런 조언을 해 줄 수 있길 희망한다.

상어식 대화와 고래식 대화

상어보다는 고래 같은 사람이 되고 싶다는 생각을 오래전
부터 해 왔다.

　자신의 서식지에 들어온 먹잇감을 포착하고 공포스러
운 몸짓으로 제압하여 퇴로를 차단한 채 커다란 이빨로
상대를 공격하는 상어의 포식자스런 삶보다는, 넓은 바다
에서 자유롭게 유영하며 겉으로 부드러워 보이지만 자신
만의 깊이와 충분한 내공을 지닌, 그래서 누구도 쉽게 얕
잡아볼 수 없는 묵직한 존재감으로 다양한 이들과 어울리
는 그런 고래 같은 삶을 동경해 왔다.

　대화에도 상어식 대화와 고래식 대화가 있다. 상어식 대
화는 초반부터 날카롭게 파고들어 대화의 주도권을 빼앗
고, 평소 별로 마음에 들지 않거나 자기와 다른 주장을 펼

치는 먹잇감을 포착한 다음, 비교하고 핀잔을 주고 대놓고 공격하는 방식으로 자신의 존재감을 한껏 드러낸다. 그렇게 상어식 대화를 하면서 어쩔 줄 몰라 하는 주위 사람들을 바라보며 의기양양한 표정을 짓는 포식자적 행태를 드러내는 사람을 때때로 만나곤 한다.

고래식 대화법을 구사하는 사람은 이와 다르다. 자연스럽게 대화에 어울려 상대의 이야기를 들어주고 호응하며 경청하는 와중에 필요할 때는 담담한 목소리로 자신의 생각을 이야기한다. 고래식 대화는 단단한 자존감과 절제된 에고(ego)가 전제되어 있기에, 이들은 상대를 위협하거나 무시하거나 비교하지 않으면서도 얼마든지 자기 생각을 이야기하고 상대와 정서를 나눈다.

상어식 대화법이 주는 강렬함을 부정할 수 없지만 나는 이런 발화의 행태는 대화가 아니라 생각한다. 그 순간 누구도 서로 이야기를 나누었다고 생각하지 않고, 아무런 정서적 교감도 없기 때문이다. 상어식 대화를 주고받는 자리에는 극심한 스트레스를 주며 자기 욕구를 배설하는 가해자가 있고 그걸 고스란히 떠 안는 피해자가 있을 뿐이다. 많은 사람들이 모인 자리(특히 술자리)에서 꼭 이런 류의 분위기로 대화를 몰아가는 사람이 있는데, 그때마다 나는 몹시 해로운 피로감을 느끼고 자리에 앉아 있어야 할 이유를 찾지 못한 채 조용히 그 자리를 빠져나오곤 한다.

반면, 고래식 대화법의 소유자와 만났을 때는 본능적으로 편안함을 느낀다. 이들은 먼저 상대의 존재를 인정하고 자신의 존재도 꾸밈없이 드러낸다. 그들의 솔직함과 배려는 상대에게 전염된다. 그들의 대화법에는 상대도 곧 방어기제를 누그러뜨리고 가면을 벗고 자기 안의 솔직한 모습을 드러내도록 이끄는 힘이 있다. 자연히 더 깊은 교감이 가능해진다. 대화를 나누며 서로 더 가까워지고 서로 더 자유로워진다. 누구도 누구를 지배하지 않고, 누구도 타자가 되지 않는, 나를 지키면서도 상대를 인정하는 연결의 대화가 바로 고래식 대화법이다.

고래는 공격적이지 않지만,
아무도 고래를 만만하게 보지 않는다.

요즘 나의 대화는 어떤가? 상어식 대화와 고래식 대화,

어디에 더 가까운가? 내 가까운 사람들은 내게 어떤 대화로 다가오는가? 나의 대화는 안녕한가?

이 집에서는 사람이 제일 귀하네

2013년 9월 결혼을 2주 앞둔 무렵, 당시 캐나다 몬트리올
에 거주하던 장인 장모님께서 귀국하셨다. 몬트리올에서
같이 살던 딸이 대학을 졸업하고 한국으로 건너간 지 5년
만에 들려온 결혼 소식에 지구 반대편에서 축하는 하셨지
만, 내심 궁금한 것도 많고 어떻게 살고 있는지 직접 보고
싶으셨을 것이다.

당시 우리는 모아둔 돈이 많지 않았다. 신혼집을 고민
하다가 아파트 입주를 포기하고, 동교동에 위치한 30년된
빌라의 12평 남짓한 작은 방 두 개짜리를 전세로 얻어 신
혼생활을 시작했다.

서울로 대학을 진학해 십년 넘게 방 하나짜리를 전전해
살아온 우리 둘에겐 모자람이 없는 공간이었지만, 막상
장인 장모님께서 캐나다에서 오신다고 하니 나도 아내도

신경이 쓰였다. 우리는 주말 내내 집을 열심히 쓸고 닦고, 최대한 집이 넓어 보이도록 가구 배치도 다시 해 두었다.

그날 저녁, 빨간색 드레스를 입은 장모님과 멋지게 수염을 기른 장인어른이 우리의 신혼집에 도착하셨다. 현관에 들어오자마자 환하게 웃는 장모님을 보자 아내는 눈물을 흘리며 와락 안겼다. 아내 입장에서는 가족과 몬트리올에서 지내다가 수년간 혼자 한국에서 지냈으니 그동안 부모님의 온기가 많이 그리웠을 것이다.

"이 집에서는 사람이 제일 귀하네."

인사를 마치고 잠시 신혼집을 둘러보던 장모님이 처음으로 우리에게 건넨 말이었다.

그 한 마디가 나는 아직도 기억에 남는다. 장모님의 입에서 나온 그 문장에는 여러 감정이 담겨 있었을 것이다. 그동안 홀로 떨어져 지낸 딸이 조금 더 나은 환경에서 결혼생활을 시작하길 바랐는데 실제로 보니 너무 작고 초라한 신혼집에 안타까운 마음이 들었을 것이고, 그래도 씩씩하게 잘 살아 보겠다고 밝게 인사하는 딸과 사위가 대견스럽기도 한 복잡한 마음이 뒤섞여, 늘 상대를 사려 깊게 배려하는 장모님의 언어로 그렇게 표현되었던 말임을 느낄 수 있었다.

'뼈 때리는 말'이 넘쳐나는 세상이다. 그래도 가끔은 이렇게 에둘러 말하는 순간이 필요할 때가 있다. 만약 그때 장모님께서 "재언아, 신혼집이 왜 이렇게 초라하니? 속상하게"라고 말하셨다면, 아마도 그 순간이 내게는 두고두고 깊은 상처가 되었을지 모른다.

하지만 장모님은 '신혼집이 초라하다'라는 말 대신 '이 집에서는 사람이 제일 귀하다'라고 표현하셨고, 덕분에 아내와 나에게 그날은 장모님께 죄송하고도 고마운 순간으로 남아 있다.

방과 후 면담

초등학교 4학년 때까지 제법 공부를 잘했던 아이가 있었다. 이 아이는 5학년때부터 공부에 흥미를 잃기 시작했다. 아이에게 사춘기가 찾아왔고 엄마와 매일 격렬하게 부딪쳤다. 엄마가 하는 말은 모조리 부정했고, 그럴수록 엄마는 더 아이를 다그쳤다. 둘의 갈등은 골이 깊어지고 대화는 단절되었다.

아이는 아침에 학교를 가서 해가 질 때까지 집에 들어오지 않았다. 집에 들어와서 엄마가 주는 학습지를 푸는 척하며 친구들에게 수소문해서 받아 둔 답안지를 보고 기계적으로 베꼈다.

아이가 6학년에 진학을 해서 수학 시험을 쳤는데, 100점 만점에 16점을 받았다. 사지선다형의 객관식 시험이었기에 확률적으로 숫자 하나를 찍어도 25점은 기대할 수 있는데, 16점을 맞았다는 사실은 정말 단 한 문제도 스스로 풀지 못했다는 의미였다.

공부도 잘하고 반장을 도맡았던 이 아이의 추락에 엄마는 커다란 충격을 받았다. 첫 아이의 이유 모를 방황에 마음에 조바심이 나서 엄마는 아이를 더 야단쳤다. 그럴수록 아이와의 관계만 틀어질 뿐 아이는 꿈쩍하지 않았다.

고심하던 엄마는 아이 몰래 선생님을 찾아갔다. 선생님에게 아이의 상황을 솔직하게 이야기하고, 아이에게 사춘기가 찾아온 이후로 대화가 완전히 단절되었다는 사실도 이야기했다. 선생님은 아이가 교우관계는 원만하다고 했다. 다만 수학을 일시적으로 두려워하는 것 같은데 학습지를 일단 끊어 보고 방법을 바꿔서 생각해 보자고 했다. 엄마는 자존심이 무척 강한 아이라 다그치기보다는 인정해주는 방식이 더 나은데, 지금은 본인과의 관계가 너무 안 좋으니 선생님께서 인정을 해주시면 태도가 조금 달라질지도 모른다고 귀띔을 했고, 선생님은 조용히 고개를 끄덕였다.

사실 아이는 수학이 싫고 무서웠다. 숫자를 좋아하지도 않는데, 매번 학습지 선생님이 와서 하기 싫은 수학을 시키며 '잘하니, 못하니'를 따져서 더더욱 싫어진 것이다. 아이는 5학년 때부터 엄마에게 반항하는 마음을 담아 더욱 노골적으로 수학을 멀리했다. 그렇게 자발적 수포자(수학 포기자)가 되었던 것이다.

그해 5월 즈음, 선생님은 방과 후에 아이를 불렀다. 까닭을 알 수 없는 선생님의 부름에 아이는 보나 마나 선생님이 성적이 왜 그 모양이냐며 다그치려니 하고 투덜거리며 교실에 남았다. 그런데, 선생님이 따뜻한 유자차를 한 잔 주면서 요즘 학교생활이 어떠냐며 부드러운 말투로 물어왔다.

그러더니 '일기장을 보면 정말 많은 친구들이 너를 좋아하는 것 같고, 수업 때도 눈이 가장 반짝거리면서 발표를 하는 사람이 너'라며 아이가 꿈에도 생각지 못한 칭찬을 했다. 그 순간 그 아이의 눈에는 눈물이 맺혔다. 선생님은 눈물을 눈치챘지만 못 본 척했다.

아이는 눈물을 들키고 싶지 않아 눈을 수도 없이 깜짝거리며 겨우 눈물을 참았다. 그리고 선생님과의 대화가 끝나고 교실을 나오면서 참았던 눈물을 울컥하고 쏟아냈다. 아이가 지난 1년 동안 단 한 번도 받아보지 못했던 자기 존재에 대한 인정과 칭찬에 자신도 모르게 눈물이 쏟아졌던 것이다.

그렇게 선생님은 수업을 마치고 한 달에 한두 번씩 아이를 불러서 둘 만의 대화를 나누었다. 선생님은 다도실에 앉아 다른 선생님 앞에서 이 아이를 칭찬하기도 했고, 때로는 플루타르코스 영웅전 이야기를 하며 그 영웅 중 누군가의 모습과 아이의 모습이 닮았다고 말해 주기도 했다.

그렇게 여름방학이 되었고, 선생님은 아이에게 수학 문제집을 두 권 주며, 초등학교 수학은 집중해서 한두 달만 공부하면 되니까 방학 동안에 수학 공부를 같이 하자고 권했다. 아이는 선생님에게 자기도 수학을 잘할 수 있다고 보여주고 싶었다. 그리고 처음으로 답안지를 보지 않고 혼자 힘으로 수학 문제를 풀기 시작했다.

엄마도 아이의 달라진 모습을 느꼈다. 여전히 아이와 엄마의 관계는 냉랭했지만, 엄마는 확실히 변화를 느낄 수 있었다.

엄마는 선생님을 집으로 초대해서 맛있는 된장찌개를 끓이고 참쌀순대와 소고기를 볶아서 선생님께 정성스러운 저녁을 대접하기도 했다. 그리고 인켈 전축에 공테이프를 넣어 두고, FM 라디오에서 자신이 좋아하는 노래가 나올 때마다 뛰어가서 그 곡을 녹음하고 곡 제목을 깨알같이 적어서 자신만의 수제 음반을 만든 다음, 이를 아이 편으로 선생님께 보내기도 했다. 엄마는 아이를 변화시키는 선생님께 할 수 있는 최고의 마음을 담아 고마움을 표현했다.

그렇게 아이는 시나브로 바뀌어 갔다. 아이의 차가운 마음에 온기가 스며들었고, 회피와 두려움은 단단한 자신감으로 바뀌었다. 수개월 동안 이어진 선생님의 진심 어린 손길이 아이를 바꾸었고, 6학년이 끝날 무렵에는 방황을 끝내고 원래의 모습을 완전히 회복했다.

그 아이가 바로 25년 전 나다. 그 엄마가 나의 엄마이고, 그 선생님은 지금도 항상 은사님으로 생각하고 큰 고마움을 느끼는 하동 초등학교 정옥순 선생님이다. 종종 편지를 보내고 연락을 드렸지만, 안타깝게 몇 해 전부터는 연락이 끊겼다.

25년 전 그때 왈칵 쏟아낸 눈물이 아직도 기억에 남아 있다. 학교 안 차가운 나무 복도에서 나는 울음을 멈출 수 없을 정도로 꺼이꺼이 울었다.

때로 우리는 지독하게 인정받고 싶어 한다. 그런데 주위를 둘러보아도 아무도 인정해 주지 않아 속이 시퍼렇게 멍들 때까지 혼자 운다. 그러다가 누군가가 자신을 진심으로 인정할 때 그 시퍼런 멍이 한순간에 지워지는 마법을 경험하기도 한다. 어쩌면 지금 이 순간, 당신이 사랑하는 누군가가 당신의 인정을 간절히 바라고 있을지 모른다.

에너지 총량 보존의 법칙

"사실 저는 경쟁을 믿지 않습니다. 제가 어떻게 글렌 클로즈와 같은 배우와 경쟁하여 이길 수 있을까요? 저는 그동안 글렌 클로즈의 훌륭한 연기를 너무나 많이 봐 왔습니다. 그렇기에 여우조연상에 오른 다섯 명의 후보들은 각기 다른 영화에서 각자의 역할을 훌륭히 소화한 승리자들이에요. 우린 각자 다른 역할을 해왔고, 따라서 우린 서로 경쟁이라는 걸 할 수 없어요.

오늘 밤 제가 이 자리에 서 있는 이유는 제가 아주 조금 더 운이 좋았기 때문이죠. 제게 조금 더 행운이 따랐을 뿐입니다. 아마도 한국 영화배우에 대한 미국인들의 환대도 작용했으리라 생각됩니다. 어쨌든 정말로 감사합니다."

아카데미 시상식을 평생 텔레비전으로만 봤다는 윤여정 배우는 〈미나리〉라는 작품으로 아카데미 여우조연상 후보에 오른 첫 해에 오스카 트로피를 거머쥐었다. 한국 영화 102년, 미국 아카데미 93년 역사상 처음으로 한국인이 아카데미 연기상을 수상한 날이었다.

그녀를 향해 모두가 박수갈채를 보낼 자리에서, 윤여정은 자신의 이야기를 하기에 앞서 먼저 동갑내기 배우인 글렌 클로즈를 한껏 치켜세우며 칭찬했다. 그 순간 환한 웃음을 지으며 윤여정의 수상 소감을 듣고 있던 글렌 클로즈가 화면을 가득 채웠다.

이날을 포함해 무려 여덟 번이나 아카데미 연기상 후보로 선정되었을 정도로 존경받는 원로 배우인 글렌 클로즈는 결국 이 날도 오스카를 수상하지 못했다. 이 사실을 알고 있던 윤여정 배우는, 본격적인 수상 소감 서두에 글렌 클로즈를 언급하며 이야기를 시작한 것이다.

그녀의 진심 어린 배려가 어찌나 멋지던지. 글렌 클로즈뿐만 아니라 현장에 있던 다른 배우들도 몹시 감동받은 표정이었고, 행사 후 「뉴욕 타임스」는 윤여정 배우의 수상 소감을 최고의 수상 소감으로 꼽으며, "몹시도 딱딱했던

시상식에서 윤여정은 뜻밖의 선물이었다"라며 극찬하기
도 했다.

아카데미 시상식에서는 생소한 한국에서 온 손님인 윤
여정이 그들의 안방에서 이렇게 큰 상을 받게 되어 다소
분위기가 낯설었을 수도 있었지만(아카데미에서 아시아
계 여배우가 연기상을 받은 것은 1957년 이후 64년 만이
었고, 아카데미 전체 역사상 두 번째 있는 일이었다), 윤여
정 배우가 그들에게 존경받는 글렌 클로즈를 먼저 언급하
며 아낌없이 칭찬한 덕분에 현장의 분위기는 더 없이 화기
애애했다. 무엇보다 그날 아카데미 사상식의 주인공인 윤
여정은 더욱 기품 있는 배우로 각인되었을 것이다.

되풀이되는 치열한 경쟁의 순간들, 매 순간 나를 증명
해야 하는 고도의 압박감 속에서 우리는 때때로 상대방을
어떻게 이길지, 내가 어떻게 더 스포트라이트를 받을지 골
몰하게 된다. 그만큼 상대방을 인정할 수 있는 마음의 여
유가 줄어든다.

하지만 경험적으로 그런 순간에 먼저 상대를 치켜세워 주
고 인정하는 사람은 훨씬 더 여유 있고 자신감 넘쳐 보인다.

스스로 돋보이려는 말은 적을 만들지만,

상대를 돋보이게 하는 말은 내 편을 만든다.

그렇게 용기 내어 건넨 인정의 말은 결코 허투루 낭비되지 않는다. 그 호의의 에너지는 상대의 가슴에 닿고 나와 상대의 관계에 영향을 미치며 어떤 형태로든 호의로 되돌아온다. 설령 그것이 즉각적이지 않더라도, 그 호의의 에너지는 사라지지 않고 보존되며 쌓인다. 그것이 언어와 관계에 적용되는 '에너지 총량 보존의 법칙'이다.

어떤 말은 생애 마지막 대화일 수 있다

2004년 2월, 논산훈련소에 입대했다. 매서운 겨울날, 아들 입대를 위해 온 가족이 아침 일찍 논산으로 향했다. 7남매 중 막내 딸인 어머니를 늘 딸처럼 대해 준 부산 큰이모는 입대 전 조카에게 맛있는 음식을 해 먹여야 된다고, 이틀 전부터 우리 집으로 와서 내가 좋아하는 음식을 잔뜩 만들어 주셨다.

입대 날 아침, 아버지는 우리 차에 다섯 명을 태우고 장거리 운전을 하기는 힘들 것 같다고 하시며 회사 동료에게 특별히 부탁해서 대형 SUV를 빌렸고, 덕분에 우리 가족은 큰이모와 함께 편안하게 논산 훈련소로 이동할 수 있었다.

훈련소에 도착하자, 생각보다 빨리 이별의 순간이 다

가왔다. 그 순간 큰이모는 내 얼굴을 어루만지며 말씀하셨다.

"우리 장군이는 어릴 때 그렇게 별나더니 이렇게 늠름하게 커서 군대를 가네. 무슨 일이 있어도 몸 조심하고, 이모가 너 100일 휴가 때 맞춰서 진주에 와 있을 테니 고생스러워도 딱 석 달 만 참고 건강하게 군 생활하고 오너라. 전화할 수 있을 때 꼭 전화하고."

논산에서 훈련소 생활을 무사히 마치고, 강원도 인제군에 위치한 헌병대에 자대 배치를 받았다. 자대 배치 후 하루하루 달력에 표시하며 100일 휴가를 기다렸지만, 인원이 많지 않은 부대 사정으로 휴가가 밀려 예정되었던 100일 휴가가 3주 정도 늦추어졌다.

아들 100일 휴가를 애타게 기다릴 어머니에게 휴가 연기 소식을 전하려고 전화를 했다. 그런데 어머니의 목소리가 이상했다. 목이 깊게 잠겨 목소리가 나오지 않았고, 수화기 너머로 흐느끼는 소리가 들렸다.

큰이모가 지하철 안에서 뇌출혈로 쓰러졌다고 했다. 구

급차에 실려 응급 수술을 할 수 있는 병원을 찾아다녔으나, 하필 그날 큰이모가 핸드폰이랑 신분증을 안 들고 나와 신원 미상의 환자라며 수차례나 거부당했다고 했다. 결국 부산 어느 병원에서 큰이모를 받아줬는데, 시간이 너무 지체되어 아직까지 의식이 없다고 했다. 숨이 멎는 기분이었다.

'이모는 깨어날 수 있을까. 충격을 많이 받았을 어머니는 혼자 어떻게 견디고 있을까. 내가 100일 휴가를 제때 나왔으면 큰이모가 우리 집에 있었을 것이고, 그랬다면 이런 최악의 상황은 막을 수 있지 않았을까.'

큰이모는 그 후로도 깨어나지 못했다. 그렇게 의식을 잃은 채 뇌사 상태로 3년을 버티다가 부산의 한 병원에서 조용히 생을 마감했다. 큰이모의 마지막 3년 동안 어머니는 하루가 멀다 하고 진주에서 부산까지 찾아가 큰이모를 닦고 어루만지고 주무르고 눈으로 대화했다.

그 와중에도 어머니는 자신의 언니한테 항상 고맙다고 이야기했다. 평생을 한없이 받기만 한 동생에게 마지막에 이렇게 빚을 갚을 기회를 줘서 언니에게 너무 고맙다고 이야기했다.

아직도 가끔 텔레비전이나 라디오에 논산 훈련소 이야기가 나오면 큰이모와 함께 온 가족이 논산 훈련소로 가던 날 아침이 생각난다. 그리고 입대 전 큰이모가 내 얼굴을 어루만지며 했던 마지막 말, 이모의 눈빛, 이모 손에서 전해지던 온기가 떠오르곤 한다.

어떤 말은 생애 마지막 대화일 수 있다.

5퍼센트의 여유

"변호사님, 저 오늘 영혼까지 탈탈 털렸어요. 이번에 투자자들 앞에서 투자 유치를 위한 발표를 하는데 그중 투자 담당자 한 분이 던진 날카로운 질문에 순간 뇌가 정지되면서 머리가 하얘져 버렸네요. 마지막에는 긴장을 너무해서 무슨 말을 한지도 모르고 도망치듯이 나와 버렸어요. 저희 직원 말로는 손도 덜덜 떨었다고 하네요. 완전 망한 거 같아요."

누구에게나 숨막히는 대화를 해야 하는 순간이 있다. 미팅이 가진 중압감이 어느 때보다 클 때, 상대가 내 허점을 파고들려고 나를 꿰뚫어보고 있을 때, 상대가 일방적으로 공격하고, 내가 완벽하게 방어를 해야 할 때….

극도로 긴장되는 그 순간에도 한 가지는 기억하자.

내가 바로 답할 수 없는 질문이 나올 수 있다.

완전한 모습을 기대하고 최선을 다해 준비하되, 5퍼센트의 가능성으로 내가 상대의 질문에 뚫릴 수도 있다는 사실을 미리 생각하는 사람과 그럴 가능성을 아예 배제하는 사람, 둘 사이에는 긴박한 순간에 드러나는 상황 대처능력에 커다란 차이가 난다.

모든 것에 내가 완벽하게 대응할 수 있다고 생각하는 사람은, 자기가 생각하지 못한 질문이 나올 때 순간 당황하게 되고, 머릿속으로 가정하지 못한 상황에 허둥거리게된다. 그러다 대화의 맥이 끊기고, 치명적 허점을 드러내기도 한다.

하지만 내가 즉답할 수 없는 질문이 나올 수 있는 5퍼센트의 가능성을 미리 생각하는 사람은, 상대방으로부터 즉답할 수 없는 날카로운 질문을 받아도, 그 상황을 미리 예상했기 때문에 부드럽고 의연하게 넘길 수 있다.

"역시 날카로우시네요. 그 부분은 저도 미처 생각을 못했는데, 제가 이번 미팅을 마치고, 정확한 사실 관계를 확인한 후 다시 설명 드려도 될까요?"

"제가 당황할 정도로 좋은 포인트인데요. 저희 팀 내부적으로 확인을 한 번 해 봐야 될 것 같은데, 잠시 10분 정도만 쉬었다가 진행해도 될까요?"

내가 완벽하지 않을 수 있다는 것을 인정하는 그 한 뼘만큼의 여유. 그 5퍼센트의 여유가 내게 은근한 자신감을 불어넣고, 나를 더 겸손한 태도로 살아가게 하며, 극한의 상황에도 유연하게 대처할 수 있게 만든다.

입장

아버지는 평생 검소하게 살아오셨다. 평범한 회사원으로 네 가족을 부양해야 했고, 그 시절 주위 모두가 경험한 것처럼 느껴지는 부동산이나 주식 대박도 아버지만은 피해 갔다. 돌이켜 보면 아버지가 가장으로서 짊어진 심리적 무게는 자연스럽게 '어떻게 더 허리띠를 졸라 매느냐'의 문제로 귀결되었던 것 같다.

그렇게 늘 절약을 강조하는 아버지가 절약 모드를 해제하고 지갑을 넉넉하게 여는 장소가 딱 두군 데 있었다.

첫 번째 장소는 서점이었다. 아들을 데리고 서점을 갈 때마다 아버지는 이상하게 넉넉해지곤 했다. 어떤 책을 살까 들었다 놓았다를 반복하며 고민하는 내게 아버지는 늘 '아들, 읽고 싶은 책은 사서 읽어야 아까워서라도 읽게 된다. 사고 싶은 책 있으면 고민하지 말고 사서 읽어'라고 이야기하셨다.

두 번째 장소는 고기집이었다. 외식을 자주한 것은 아니지만 한 달에 한두 번 정도 가족들끼리 외식을 할 때마다 아버지는 다소 낯선 모습을 보였다. 식당에서 우리가 고기를 먹으면 평소와는 달리 혼자 들뜬 목소리로 '많이 먹어 아들 딸. 먹고 싶은 만큼 마음껏 시켜 먹어도 되니 천천히 많이 먹어'라고 하셨다.

당시 나는 서점과 고기집에서 보이는 아버지의 모습이 낯설었고 진심인지 아닌지 의심하기도 했었다.

아버지와 함께 동네 서점을 다니던 때로부터 수십년이 훌쩍 지난 지금, 그 아들은 이제 세 아이를 키우는 아빠가 되었다. 그리고 그 아들 역시 서점과 식당에만 가면 이십 몇 년 전 아버지가 했던 말을 아이들에게 그대로 한다.

"보고 싶은 책은 꼭 사서 봐, 선율아."

"우리 선웅이, 이도, 먹고 싶은 거 있으면 천천히 마음껏 먹어."

그때는 아버지를 의심했지만, 이제는 그 순간이 아빠로서 살아있음을 느끼는 순간임을 안다. 우리 새끼들 입으로 맛있는 음식이 들어갈 때, 그리고 아이들이 나란히 앉아 책을 읽는 모습을 볼 때, 남들보다 더 잘해 주지는 못하더라도 남들만큼 먹이고 남들만큼 입히고 남들만큼 모자람없이 공부시키고 싶다는 그 부정(父情)이 유독 서점과 고기집에서 더 진하게 솟는 것 같다.

시간이 한참 흐른 다음 비로소 알게 되는 것들이 있다. 입장(立場)이라는 단어의 의미는 '서있는 장소'라는 뜻인데, 당시에는 잘 이해되지 않았지만 우연히 그 사람이 서있던 장소에 서게 되었을 때 비로소 그 의미가 와 닿는 경우가 있다.

그리고 그 순간, 나는 과거의 그 사람과 시간을 초월해서 연결되어 있음을 느낀다. 어쩌면 이런 찰나들이 인생을 살아가며 누리는 시간이 주는 선물이 아닐까 생각해 본다.

대화의 태도

영국의 존경받는 편집자 다이애나 애실의 『되살리기의 예
술』이라는 책에 실린 문학동네 강윤정 편집자의 추천사가
두고두고 인상적이었다.

편집자가 되어 교정 부호를 제대로 배울 때 가장 인상적
이었던 것은 '되살리기'라는 의미의 '生' 표시였다. 이
것은 교정 내용을 이전 상태로 되돌릴 때 쓰는 것인데,
그럴 거면 그냥 교정 내용을 지우면 되지 않나? 싶었던
것. 알고 보니 이 표시는 작가와 편집자가 함께 고민하
고 판단했던 흔적을 남기기 위한 것이었다. 편집자와 작
가는 교정지라는 조용한 세계에 각자의 의견을 남기며
소통한다. 다듬으면 더 세련된 표현이 될지 몰라도 그
대로 두는 경우가 있고, 삭제하면 더 깔끔해 보이겠지만

아무래도 필요한 내용이라 되살리는 일도 있다. 그것이 차곡차곡 쌓여 더 좋은 책이라는 공통의 목표를 향한 길을 만든다.

작가와 편집자는 교정지를 매개로 말없는 대화를 나눈다. 하지만 작가의 입장에서 생각해 보면 자신이 의도한 의미를 온전하게 전달하기 위해 자음과 모음의 수많은 조합을 거쳐 완성한 문장을 제3자에게 삭제되거나 수정되는 경험이 절대 유쾌할 리 없음을 나는 경험으로 알고 있다.

물론 훌륭한 편집자는 이를 알고 있을 터이며, 작가의 원고를 여러 차례 다시 읽으며 필요 최소한의 범위에서 편집 의견을 전달할 터이다. 그리고 그렇게 신중하게 제안된 편집 의견조차도 작가와 협의를 거쳐 원래 문장으로 되살려야 할 때가 있으리라. 이 치열한 과정을 기록하고 고심한 흔적을 남기기 위해 '되살리기'라는 의미의 '生'을 적어 두는 것이다.

미묘하지만 불편하지 않을 수 없는 양측의 팽팽한 글씨름 과정이 눈앞에 보임에도 작가가 편집자와 교정에 관한 대화를 나눌 수 있는 이유는, 기본적으로 편집자의 경험과 역량을 향한 신뢰를 전제한다. 이렇게 서로 치열하게 대화를 나누는 과정에서 더 좋은 책을 만들어 낼 수 있다는 공통의 목표가 있기 때문에 가능한 것이다. 거기에 어쩌면 상대의 문장과 표현 방식이 나보다 더 나을 수 있다는 가능성에 대한 믿음을 견지한 태도까지 더한다면, 그 대화는 교정 과정에서 발생한 서로의 감정적 소모를 충분히 보상해 주는 건설적인 결과로 이어질 수 있다. 이러한 태도는 작가와 편집자의 교정 작업뿐만 아니라, 우리 일상의 대화 전반에 적용된다.

상대의 존재와 역량에 대한 인정, 서로가 같은 배를 타고 같은 곳을 향해 간다는 강한 유대감, 함께했을 때 더 좋은 결과가 나올 수 있다는 믿음, 그리고 어쩌면 내가 틀릴 수도 있다는 유연한 자세는 유쾌하면서 의미 있는 대화를 만드는 충분한 자양분이 되고, 이런 자양분을 토대로 한 대화를 통해서 상대와 나는 한발짝 더 성숙해질 수 있는 계기를 얻을 수 있다.

대화의 복기

대화: 對話 [대:화] 마주 대하여 이야기를 주고받음

  마주 대하여 서로의 이야기를 주고받는 이 단순한 행위
가 삶에 미치는 영향이 생각보다 크다는 사실을 알게 된
지 그리 오래되지 않았다. 일상에서 일에 치이고 관계에
치이다 보니 살아가기 위한 생존 대화를 구사하기에 급급
했을 뿐, 제대로 된 관계를 맺기 위해서 어떻게 대화해야
하는지, 오해를 불러일으키지 않고 나의 뜻을 전달하기
위해서는 무엇을 고민해야 하는지, 사과를 하기 위해서는
어떤 태도를 취해야 하는지, 헤어질 때는 무슨 말을 해야
하는지 깊이 생각해 보지 못했던 것이다.

  허겁지겁 먹고 나서 포만감만 채우는 인스턴트식 식사
가 계속되면 필연적으로 건강을 해치듯이, 내 욕구를 채

우기 위해 여과 없이 내뱉는 인스턴트식 대화는 상대의 감정을 상하게 하고 일을 그르치게 하며 결국 관계까지 망칠 것이 분명해 보였다.

2016년 우승 상금 100만 달러를 걸고 인류와 인공지능 로봇의 세기의 바둑 대전이 열렸다. 인간계를 대표하는 기사는 이세돌 9단이었고, 로봇계를 대표하는 기사는 구글의 '알파고'였다. 세기의 대국이 시작되기 전 구글의 CEO 에릭 슈미트가 방한하여 '누가 이기든 인류의 승리'라고 이야기할 정도로, 세계적으로도 관심이 집중된 대전이었다.

당시 바둑계는 이세돌 9단의 압승을 점쳤다. 하지만 뚜껑을 열어 보자 결과는 전혀 달랐다. 인간계 최강 이세돌이 내리 3판을 먼저 내준 것이다. 대국을 지켜보며 이세돌을 응원했던 국민들은 실망감을 감추지 못했고, 바둑계도 충격을 금치 못했다.

4일 만에 3연패를 당한 이세돌. 그의 정신이 성할 리 없었다. 특히 3국에서는 힘든 기색이 역력한 아빠의 모습을 보여 주기 싫어서, 1, 2국 때와는 달리 딸들과 함께 대국장에 들어가지 않을 정도로 이세돌은 많이 흔들리고 있었다.

3연패를 당한 날, 아무것도 하고 싶지 않았을 이날도 이세돌은 동료 프로 기사들과 밤 늦게까지 자리를 지키며 알파고가 둔 수를 첫 수부터 복기*하며 알파고의 습성과 허점을 찾는데 골몰했다.

그리고 다음날 이어진 제4국. 오히려 홀가분해진 것일까. 이세돌의 손끝에는 자신감이 느껴졌다. 그리고 바둑계에서 아직까지 '신의 한수'라고 불리는 78수.

결정적인 허를 찔린 후 혼란에 빠진 알파고를 상대로 이세돌은 세차게 몰아부쳤고, 알파고를 대신해 바둑돌을 놓는 역할을 한 아자 황이 검은 돌 두 개를 반상에 던지며 180수 끝에 불계패를 인정했다. 그 순간 알파고가 기권을 선언하며 띄운 팝업창.

AlphaGo resigns

The result "W+Resign" was added to the game information.

두고두고 인상적인 장면이었다. 완벽하지 않은 자신을 인정하고, 자신이 둔 수를 되짚어 실수를 분석하고 더 나아지기 위해 치열하게 고민하는 그의 습관이 이세돌의 바둑을 인류 최고의 경지에 오를 수 있게 한 결정적 습관임을 알 수 있었다.

복기:復棋 [복끼] 바둑에서, 한 번 두고 난 바둑의 판국을 비평하기 위하여 두었던 대로 다시 처음부터 놓아 봄.

그 후로 나는 일상과 일상의 대화를 복기하기 시작했다. 출퇴근 시간 잠깐을 활용해서 전날 있었던 대화를 떠올려 본다. 생각보다 더 좋게 마무리된 대화는 왜 그런 결과가 이끌어졌는지, 후회스럽고 잘 안 풀린 대화는 어떤 이유에서 대화가 꼬였는지 생각해 본다.

그리고 그 대화들을 머릿속으로 재구성해 본다. 어떤 방식으로 이야기를 꺼내는 게 더 좋았는지, 직접 만나기보다는 먼저 유선으로 이야기해 보는 게 나았는지, 나를 향한 그 말에 왜 잠시 참지 못하고 즉각적으로 대응했는지 등에 대해 되뇌어 생각하게 되었다.

이 과정은 마치 아이들이 레고조각으로 집을 만들었다가 허물고, 다시 만들어 보는 과정과 닮아 있는데, 머릿속으로 대화의 집을 지었다가 허물고 다시 짓는 과정에서 내 대화와 내 말을 되돌아보는 것이다. 이 작은 일상의 습관이 내가 더 좋은 대화를 할 수 있게 만드는 중요한 습관으로 자리잡기 시작했다.

대화의 복기를 권한다. 출퇴근 시간 5분을 할애해서 내 대화의 조각들을 해체해 보고, 머릿속으로 다시 요리조리 쌓아 올리며 복기해 보길 권한다. 일상의 작은 노력으로 조금 더 나은 대화를 하는 더 좋은 사람이 될 수 있다고 믿는다.

인사의 의미

고등학교 1학년 담임 선생님은 국어를 가르치는 분이었다. 평소 말수가 많지는 않았지만 확고한 철학이 있는 분이었고, 권투 선수처럼 두터운 상체와 중저음의 목소리로 학생들이 함부로 하지 못하는 카리스마를 가진 분이었다.

나는 얼떨결에 반장이 되었지만 담임 선생님과 속 깊은 대화를 나눠 본 적이 없었다. 선생님은 열여섯 살의 류재언이 감당하기엔 어려운 존재였고, 멀찍한 거리감을 유지한 채 고등학교 1학년 여름방학도 쏜살같이 지나갔다. 평일에 매일 학원을 다녔고 주말에는 친구들과 물놀이를 가거나 가족들과 피서를 갔다. 학교를 가지는 않았지만 중간중간 '선생님께 연락을 한번 드려야 되나?' 하는 생각이 들긴 했다. 하지만 막상 전화를 하거나 편지를 쓰려고 하니 생각만 해도 불편하고, 귀찮았던 것 같다.

그렇게 어영부영 시간을 보내는데, 여름방학이 끝날 무렵 어느 저녁에 집으로 전화가 한 통 왔다. 어머니께서는 담임 선생님의 전화라고 받아보라고 하셨다. 전화를 받자 선생님 특유의 중저음 목소리가 수화기 너머로 들렸다.

선생님께서는 '여름방학을 어떻게 지내고 있냐'고 물으셨고, 내가 방학 때 겪었던 일상을 이야기했더니, '한 달 넘게 연락 한 번 없어서 걱정이 되어 전화를 했다'고 이야기하셨다.

그래서 '연락을 드려야겠다는 생각하고 있었는데 막상 연락을 드리려니 용기가 나지 않아서 연락을 못 드렸다'고 이야기했다. 그랬더니 선생님께서 이런 말씀을 하셨다.

"'인사'라는 단어는 사람 인(人)에 일 사(事)자를 쓴다.

'사람이 마땅히 해야 하는 일'이라는 뜻이다.

인사는 어렵거나 불편하거나 귀찮다고 해서 안 해도 되는 것이 아니라, 어렵고 불편하고 귀찮아도 해야 하는 것이 인사란다.

앞으로도 네가 더 성장해서 사회생활을 하다 보면 이런 일이 많아질 텐데, 너 스스로 생각했을 때 '인사를 해야 되는 것이 맞나?'하는 고민이 든다면, 그때는 꼭 인사를 하도록 해라. 그게 사람에 대한 최소한의 예의란다."

수화기 너머 들리는 선생님의 말투는, 꾸짖으면서 화를 내는 느낌보다는 인생 선배로서 하는 조언에 가까웠다. 그날 선생님과 나눈 대화는 아직도 내 삶에 영향을 미친다. 내가 어른이 되어 사회생활을 하면서 '이번에 인사를 드려야 되나'라고 고민이 되는 순간마다, 선생님의 묵직한 조언이 나를 움직이게 한다. 그리고 언젠가 내 아이들에게도 그때 선생님께서 알려주신 '인사'의 의미를 그대로 이야기해 줄 생각이다.

일흔 여덟 친구가 건넨 위안의 말

7월의 어느 일요일 오후, 오전부터 떨어지던 빗방울이 점점 더 굵어지고 있었다. '이렇게 그냥 월요일을 맞긴 아쉽다'라는 생각이 들던 차에, 속 깊은 이야기를 털어놓을 수 있는 친구인 장인어른과 나는 좋아하는 와인과 와인잔을 하나씩 손에 들고 양평집 마당으로 나가 테이블에 앉았다.

그렇게 마주보고 앉아 우산 대신 챙이 큰 밀짚모자를 눌러쓰고 굵은 빗방울을 맞으며 술잔을 기울이는데, 밀짚모자에 비 떨어지는 소리, 몸에 툭툭 닿는 빗방울에 옷깃이 젖는 느낌, 와인 잔에 빗방울이 섞이며 빗빛 와인이 되어가는 색감, 멀리서 들려오는 라디오 소리와 나지막한 장인어른의 목소리가 어우러져 낭만적이었다.

정신없이 지낸 시간 때문에 뒤엉켜버린 바쁜 마음이 잠시 풀리는 개운함을 느끼며 장인어른께 속마음을 털어놓았다.

"확신에 찬 하루를 보내다가도 또 이따금씩 흔들리기
도 하고 그러네요, 아버님."

장난끼와 진지함이 섞인 장인어른의 커다란 눈망울이
조용히 내 눈을 응시했고, 어쩌면 그 순간 나는 이미 장인
어른으로부터 위안을 받고 있었는지도 모르겠다.

"우주가 흔들리고 지구도 자전을 하는데 어떻게 자네
라고 안 흔들리겠나. 흔들리니까 인간이고, 인간이라면
나도 자네도 끊임없이 흔들리지."

일흔 여덟의 인생 선배가 가진 아득한 우주적 시각과 그
속에 담긴 온기 품은 대화에서 육체적, 정신적으로 힘들었
던 그 즈음 나는 작은 위안을 안고 월요일을 맞이할 수 있
었다.

좋은 대화는 잊을 수 없고,
나쁜 대화는 견딜 수 없다

"이십 년 넘게 같이 살았는데 저 사람과는 매일 벽을 보고 이야기하는 것 같았어요. 진짜 평생 단 한 번도 내 말을 귀담아들은 적이 없어요. 이제는 더 이상 이렇게 살고 싶지 않아요."

헤어질 결심을 하고 서초동에서 이혼 상담을 받는 의뢰인들의 하소연. 사람은 거기 있었는데, 그 사람과 대화를 한 적은 없다는 그들의 공통된 이야기.

삼십 분을 이야기해도 영혼을 교감하는 순간을 느끼는 사람이 있는가 하면, 매일 같은 공간에 살면서 수십 년을 함께 살아도 대화다운 대화를 단 한 번도 못해 본 사람도 있다. 오죽하면 평생을 함께 살았는데 매일 거대한 벽을 보고 이야기하는 것 같다는 소리를 하겠는가.

그렇게 생각해 보면 대화에 있어서는 물리적인 시간보다 정서적 교감의 순간이 더 중요하다. 어쩌면 '얼마나 자주 만날 것인가' 라는 질문은 관계에 있어 큰 의미가 없을지 모르겠다. 자주 만나도 그 사람을 만날 때마다 대화의 부재만 뼈저리게 느끼고, 이로 인한 상실감이 점점 더 커지는 경우도 허다하기 때문이다.

대화를 할 때만큼은 현재에 머물러야 한다. 현재 내 앞에 있는 이 사람과 함께해야 한다. 내 몸만 여기에 있는 것이 아니라, 이 곳에 내 마음이 머물고 내 의식이 그(녀)를 향해 있어야 한다. 그렇게 지금 이 순간 이 대화에 완전히 몰입해야 한다. 그렇지 못할 상황이라면 차라리 대화자리를 만들지 않는 편이 낫다. 그런 대화는 대부분 무시당한 감정과 깊은 상실감, 씁쓸한 뒷맛만 남기 때문이다.

하루의 대화가 평생 가슴속에 뜨겁게 살아 있는 경우도 있지만, 수십 년에 걸친 대화의 부재가 평생 차가운 응어리로 가슴을 짓누르는 경우도 있다. 그렇게 우리는 대화로 살고 대화로 죽는다.

좋은 대화는 잊을 수 없고, 나쁜 대화는 견딜 수 없다.

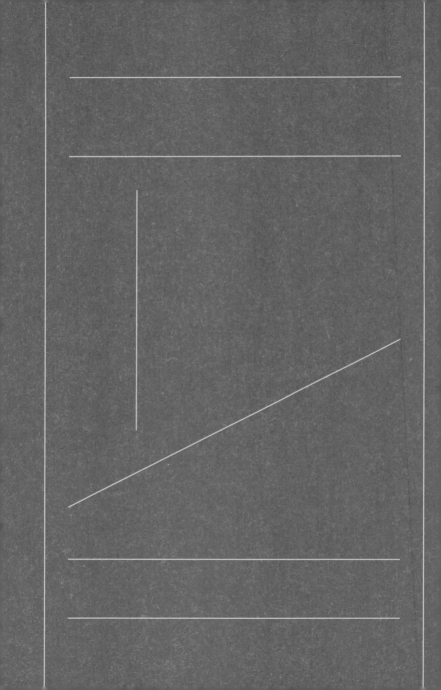

2

따뜻하고, 기품 있게 대화해 볼 것

'괜찮아요'라는 말의 힘

군대를 제대하고 복학을 했을 때, 허리 통증이 무척 심했
다. 강원도 인제군 원통에서 헌병으로 근무를 했는데, 매
일 한쪽 어깨로 소총을 메고 몇 시간씩 위병소 근무를 해
야 했다. 무려 2년의 시간을 매일같이 그 상태로 지냈으니
건장한 20대 초반의 장정들도 제대할 무렵이 되면 몸이
성한 사람이 없었다. 무릎이 나간 사람, 허리가 나간 사
람, 어깨가 나간 사람, 몇 가지 직업병의 패턴이 존재했는
데, 내겐 허리 디스크가 찾아온 것이다.

밤새 잠을 잘 수가 없었다. 매트리스도 바꿔 보고 복대
도 차 보고, 허리 디스크 치료로 유명하다는 병원에 찾아
가 몇십만 원짜리 통증 완화 주사도 수차례 맞았지만 상
태는 좀처럼 호전되지 않았다.

상황이 점점 심각해져서 척추 전문 병원에서 100만 원

가까운 비용을 들여서 MRI와 CT를 촬영했다. 당시 가난한 20대에게는 큰 금액이었다. 그 결과가 담긴 CD를 들고 몇 군데 척추 전문 병원 전문의들로부터 진료를 받았는데, 일주일 사이 두 병원에서 시급하게 수술을 받아야 한다고 이야기했다.

그중 강북에 있는 한 병원에서는 당장 수술하지 않으면 큰일이 나는 상황이라고 겁을 줬다. 내일 수술을 진행해야 될 것 같으니 부모님께 전화해서 자기를 바꿔 달라고까지 이야기했다. 흰 가운을 입고 안경을 쓴 날카로운 인상의 의사 뒤편에는 척추 전문의로 수차례 방송에 소개된 사진들과 일간지 신문의 스크랩들이 잔뜩 놓여 있었다.

제한된 정보와 두려움 속에서 어떤 선택을 해야 할지 판단이 서지 않았다. 다시 원룸으로 돌아와서 속앓이를 하다가, '마지막으로 제일 큰 병원에서 진단을 받아 보고 거기서도 수술을 권하면 이번 달을 넘기지 말고 수술을 받아야겠다'라고 마음을 먹었다.

며칠 뒤, 내가 아는 가장 큰 병원으로 향했다. 외래진료 수속 절차를 밟고 꽤 오랜 시간을 기다려 진료실에 들어갔다. 나는 미리 촬영해 둔 MRI와 CT 파일이 담긴 CD를 전달했다. 진료실에 들어가니 의사 선생님이 내 척추가 적나라하게 드러난 흑백 이미지를 자세히 관찰하고 계셨다. 그렇게 이리저리 이미지를 돌려 가며 유심히 들여다보더니, 이렇게 이야기했다.

"허리가 많이 불편하시죠. 그런데 괜찮아요. 이 정도 상태는 얼마든지 좋아질 수 있어요. 습관을 고치고 운동을 꾸준히 하고 물리치료를 받으면 환자의 나이를 고려했을 때 퇴행성은 아니기 때문에 충분히 좋아질 수 있어요. 수술을 고민한다고 하셨는데, 수술 안 받으셔도 됩니다. 너무 크게 걱정하지 마시고, 치료를 잘 받아 보시죠. 생각보다 괜찮아요."

그 말을 듣는 순간 마법처럼 허리가 낫는 기분이 들었다. 의사 가운을 입고 척추 전문의라는 타이틀을 가진 사람들 중 단 한 명도 20대 초반의 내게 이렇게 이야기해 주는 사람이 없었다.

'너무 심각하다', '즉시 수술을 하지 않으면 안 된다',

'더 악화될 것이다'라는 식의 당장이라도 큰 일이 날 것 같은 겁주는 이야기만 반복했었다.

그날 이후로 나는 6개월간 열심히 치료받았다. 매일 학교 뒷산을 오르고, 일주일에 두 번씩 수영을 하며 허리 근육을 강화했다. 평소 좋지 않았던 생활습관이나 자세를 이때 많이 고쳤고, 의자와 책상, 모니터 높이 등 생활환경도 개선하게 되었다.

잠을 자지 못할 정도로 심각했던 허리 통증은 조금씩 완화되기 시작했다. 그리고 수개월의 물리치료와 운동을 병행한 결과, 통증을 거의 느끼지 않고 일상생활에 지장이 없을 정도로 상태는 빠르게 호전되었다.

"괜찮아요."

이 한 마디가 갖는 힘을 이때 처음 알게 되었다. '괜찮다'라는 말을 들으면, 진짜로 괜찮아진다는 사실을 알게 된 것이다. 절실히 듣고 싶었지만, 아무도 해 주지 않았던 그 '괜찮다'라는 말.

살다 보면 간혹 내게 도움을 청하는 사람들이 있다. 절실한 상황을 마주한 그 사람에게, 옳은 말과 분석적인 해결책, 데이터 기반의 예리한 인사이트와 노하우를 전하는 것도 좋다. 하지만 어쩌면 그 무엇보다 그가 당신에게 가장 먼저 듣고 싶은 말은 이런 말일지 모른다.

"괜찮아요. 생각보다 그렇게 큰 문제는 아니에요.
차분히 준비하면 해결될 수 있어요.
같이 한 번 고민해 봐요."

괜찮다고 생각해야 괜찮아지지, 괜찮지 않다고 생각하면 괜찮지 않다. 그런 의미로 하루하루 열심히 살아가는 스스로에게도, 가끔 내가 듣고 싶어 하는 말을 해 주자.

괜찮다.
생각보다 그리 나쁘지 않다.
잘 해 나가고 있고,
잘 될 것이다.

불란서식 과자점

제주도 서귀포에 '불란서식 과자점'이라는 까페가 있었다. 19세기 말 '프랑스(France)'라는 단어의 한자음을 빌려 불란서(佛蘭西)로 사용했는데, 그 옛날식 발음을 그대로 사용해 독특한 느낌을 주었다. 남들이 하는 것을 어설프게 따라하지 않을 것 같은, 왠지 모를 내공도 느껴졌다.

'사계리'라고 하는 서귀포 남단 용머리해안 근처의 작은 마을 해안가에 위치한 이 과자점은 전통 제주도 가옥을 개조해서 사용했는데, 작은 마당을 지나 목조식 주택의 입구에 도착하면 아래와 같은 팻말이 눈에 들어왔다.

사계리는요

노키즈 존은 아니지만

키즈까페도 아니랍니다 : D

이 한 문장에서 나는 까페 주인장이 사용하는 언어의 품격을 느낄 수 있었다. 그동안 내가 가 본 수많은 까페들 입구에는, 이런 식의 안내 문구가 적혀 있었다.

노키즈 존
8세 미만 어린이 출입 금지
유아 및 아동 동반 입장 제한
5인 이상 단체 손님 출입을 금합니다.

어린 아이가 셋인 우리 부부에게는 이런 문장들이 특히 더 눈에 띈다. '금지'라는 말과 '안 된다'는 말을 일상적으로 쓰는 그들의 대화법에 매번 기분이 상하고, 가끔은 우리를 향해 저격하는 듯한 느낌을 받기도 한다.

그런데 불란서식 과자점에서 본 이 짧은 문장에는 상대에 대한 존중과 고민이 묻어났다. 그저 자기 편한 방식을 고집하는 일방적 강요가 아니라, '당신을 믿고 존중합니다. 당신도 우리를 존중해 주세요'라는 보이지 않는 신뢰의 연결 고리가 느껴졌다.

한 사람의 언어에는 그 사람의 품격이 드러난다.

어디에도 금지의 문구가 없었지만, 나는 이 팻말을 보는 순간, '아, 아이들을 조용히 시키고 주위 사람들에게 불편함을 주지 않도록 각별히 조심해야겠다'라는 마음이 저절로 들었다. 정중하고도 고심이 깃든 주인장의 표현 방식에 오히려 고마운 마음이 들었다.

그렇게 들어간 불란서식 과자점에는 프랑스 라디오 방송이 나오고 있었다. 팝송이나 상송을 틀어 둔 공간은 있었지만, 프랑스 라디오가 흘러나오는 공간은 처음이었다. 15평 남짓한 작은 공간에서 나는 잠시 전혀 다른 시공간으로 여행을 온 기분이 들었다.

그날 불란서식 과자점에서의 시간은 그해 제주도 여행에서 보낸 시간 중 가장 인상에 남았다. 사람에게 첫인상이 중요하고, 대화도 첫 문장이 중요하듯, 공간도 첫인상이 중요하다는 생각이 들었다. 그날 오랫동안 기억에 남을 문장을 발견했고, 그 공간에서 나눈 대화의 밀도는 어느 때보다 좋았다.

　덧. 제주 사계리 불란서식 과자점은 2021년 4월 14일 30개월간의 영업을 끝으로 문을 닫았다. 이들의 인스타그램에 올라온 안녕 메시지.

　　그동안 와 주신 모든 분들께
　　감사한 마음 전합니다.
　　항상 건강하시고,
　　즐거움만 가득하시길 바라봅니다.
　　마지막으로
　　오늘까지 활짝 ^＿＿＿＿^

　불란서식 과자점을 운영하면서, 따뜻한 말을 손님들에게 먼저 건넸던 두 분의 앞날도 활짝 웃음이 가득하길 바란다.

알았다

대학교를 중퇴하고 캐나다로 건너간 아내는 열심히 공부
했다. 캐나다 퀘백 주에 있는 '세젭'이라는 전문대학 과정
을 2년간 이수한 뒤 마침내 원하던 대학에 진학했고, 미생
물학과 면역학 분야를 전공해 유학 6년 만에 우수한 성적
으로 대학을 졸업했다.

　차분하고 영민한 아내에게 주위에서는 의학전문대학원
이나 치의학전문대학원에 진학을 해서 캐나다에서 의사
로 자리잡고 살기를 권했다. 의료 시스템이 잘 갖춰진 캐
나다에서 의사라는 직업은 아시아인이 선택할 수 있는 최
선의 선택지 중 하나로 보였다.

　하지만 아내는 몬트리올의 삶을 정리하고 2008년 홀연
히 한국으로 건너왔다. 당시의 한국행은 사실 아내가 많은

것을 포기하고 선택한 결정이었다. 중요한 시기에 좋은 기회가 눈앞에 있었음에도 아내는 이를 선택하지 않았고, 부모님과 언니, 동생, 가족 모두가 몬트리올에 거주하는 상황에서 가족들과의 안정적인 삶, 손 뻗으면 닿을 수 있는 성공적인 커리어를 뒤로하고 혼자 한국으로 건너왔다. 그렇다고 한국에서 무엇인가 보장된 것도 없었다. 하지만 아내는 인생의 중대한 갈림길에서 한국행을 결정했고, 그녀의 용기 있는 결정으로 나와 아내의 인연은 이어질 수 있었다.

당시 나는 매일 손꼽아 기다리며 6년간의 장거리 연애를 이어온 그녀가 마침내 한국으로 돌아온다는 사실만으로 너무나 감사했다. 하지만 아내의 부모님 입장에서는 그녀의 결정에 크게 실망하지 않으셨을까 하는 생각이 최근 들어 가끔씩 들곤 했다.

그동안 한 번도 꺼내지 않았던 그 이야기를, 셋째 이도가 태어나기 일주일 전 양평집 2층에서 해질녘 장인어른과 소주잔을 기울이며 넌지시 여쭤보았다.

"아버님, 2008년도에 한이가 대학 졸업하고 갑자기 한국으로 돌아갈 거라고 말했을 때 기분이 어떠셨어요? 제가 그때는 어머님, 아버님의 마음까지 헤아려 보질 못했는데, 지금 선율이, 선웅이 키우면서 생각해 보니, 아버님 입장에서는 무척 아쉽고 실망스러우셨을 것 같아요."

'아들'이라고 부르는 사위의 느닷없는 물음에 장인어른은 조용히 생각을 하시더니, 나지막한 목소리로 말씀하셨다.

"사실 실망스러웠다기보다는 예상하지 못해서 당황스러웠지. 그런데 나는 한이가 그 이야기를 꺼냈을 때 이렇게 대답했었어.

"'알았다' 라고."

"엥? 진짜요? 그냥, '알았다'라고만 말씀하셨어요?"

"응. '알았다'라고 했어."

"아니, 어떻게 그렇게 쿨 하게 대답하셨어요?"

"걱정이 안 된 건 아니지만 내 자식에 대한 믿음이 있었어. 어딜 가도 내 자식이 자기가 선택한 결정에 대해서 후회없이 열심히 하고, 자기가 처한 환경에서 잘 적응해서

행복하게 살 수 있으리라는 믿음이 있었어. 그게 캐나다
든 한국이든 어디든 상관없이.

그리고 한이는 아무 생각없이 그냥 말을 꺼내지 않거
든. 그 아이는 어릴 때부터 자기가 수없이 고민하고 판단
해서 우리한테 이야기하는 아이였거든. 그래서 그 때도
한이가 하는 말이었으니, 많은 말을 참고 그냥 '알았다'라
고만 했지. 우리는 한이를 믿으니까."

그렇게 아무것도 보장되지 않은 한국으로 홀연히 돌아
온 아내는 외국계 회사에 취직을 했고, 그 후로 지금까지
도 업계에서 자신의 역량을 인정받으며 멋지게 커리어를
쌓아가고 있다. 그리고 그때 아내의 용기 있는 결정으로
우리는 세 아이의 엄마와 아빠가 되어 함께 인생의 길을
걸어가고 있다.

때로 우리는 백 마디 말보다 상대가 나를 믿고 있다는
한 가지 사실에 커다란 힘을 얻는다. 그리고 그 믿음을 실
망으로 되갚고 싶지 않아 더 치열하게 살아가곤 한다. 믿
음이 주는 커다란 힘을 믿는다.

성급함을 견디는 사람들

'나를 믿어 달라'는 말에는 믿음을 주는 힘이 없다. 행동보다 말이 앞서는 사람은 잠깐의 시간을 벌고 그 시간차를 활용해 상대에게 기대를 불러 일으키지만, 그 짧은 발화의 쾌감 이후에 돌아오는 것은 결국 기대에 대한 충족이 아닌 커다란 실망과 관계의 단절인 경우가 적지 않다.

반면에 신뢰를 지켜내는 사람들은 성급하지 않다. 기본적으로 신뢰는 한 순간에 얻을 수 없을 뿐만 아니라, 그렇게 얻은 신뢰는 지속되기 힘들다는 사실을 알고 있기 때문에 이들은 결코 조급해하지 않는다.

이들은 '믿어 달라'는 말을 하기 전에 믿음을 주는 작은 행동부터 보여준다. 벽돌공이 한 장 한 장 벽돌을 쌓고 담벼락을 만들고 집을 완성시켜 나가듯, 입으로 신뢰를 언급하기보단 행동으로 신뢰의 벽돌을 쌓아 나간다.

이들은 기본적으로 자신의 본업에 충실하다. 그렇게 만들어진 단단한 자존감은, 언제라도 때가 되면 상대방에게 도움을 줄 준비가 되어 있고 상대의 성장에 기여를 할 수 있다는 관계의 자존감으로 확장된다.

이들은 작은 행동 하나에도 신중하게 생각하고 결정한다. 내 상황뿐 아니라, 상대의 상황도 미리 염두에 두고 움직인다. 그리고 자기에게는 이익이 되지만 상대에게는 불편함이 될 수 있는 상황을 만들지 않으려 노력한다. 이렇게 정성이 깃든 언행을 일관되게 지켜 나가면서 나머지는 시간에 맡긴다. 관계에 있어 필요한 숙성의 시간을 억지로 단축시키려 들지 않는다. 이것은 상대방에 대한 존중이고, 그들이 시간을 대하는 태도이다.

그렇게 쌓인 신뢰는 흔들림이 없다. 그 관계는 오래가고 시간이 갈수록 점점 더 깊어진다. 이런 이들과 나누는 대화의 에너지는 은은하고도 강렬하다. 그리고 그 여운은 일상을 맴돈다. 이런 존재가 주위에 있는 것은 축복이며, 그 사람과의 시간은 항상 기다려 진다.

그렇게 행동으로 자신을 증명하고, 성급함을 견디는 사람들이 있다. 나는 이들을 신뢰한다.

때로는 내 감정을 예약해둘 필요가 있다

'아… 감정 톤을 조금만 낮출 걸….'

아침에 메일을 다시 읽어 봤더니 후회가 밀려온다. 뒤늦게 후회를 해도 소용없다. 이미 물은 엎질러졌기 때문이다.

일을 하다 보면 상대가 치졸하게 나오거나, 의도적으로 나를 자극할 때가 있다. 이럴 때 '이번에는 제대로 한 번 쏴 줘야지'라고 생각하며, 즉각적으로 전화를 하거나 카카오톡이나 메일을 보내는 경우가 있다.

그 순간 우리는 일시적인 후련함을 느낀다. 하지만 돌아서고 나면 오히려 마음이 찜찜하고, 그 말이 화근이 되어 또 다른 문제가 불거지고, 문제의 본질은 흐려지는 경우가 적지 않다.

짧은 발화의 쾌감, 그리고 남는 긴 후회.

감정이라는 것이 하루에도 열두 번 오르락내리락 한다. 그 감정의 정점에서 뱉은 말은, 메시지는 사라지고 불덩이 같은 감정만 전달된다. 상대는 내게 공격당한 느낌만 받는 것이다.

그럴 때 활용하는 방법이 있는데, '감정 예약 발송'이 그것이다. 극한 감정상태에서 질러버리고 싶은 마음을 잠시 접어두고, 먼저 글로 메시지를 정리해본다.

그렇게 작성한 메시지를 바로 발송하지 않고, 예약을 걸어 둔다. 이메일도 좋고 카카오톡 메신저도 좋다. 나는 보통 오전 8시~10시 사이에 예약을 걸고, 다음날 아침 책상에 앉아 커피를 한잔 하면서 예약된 메시지를 다시 읽어 본다.

그렇게 한 번 더 읽어 본 다음, 그래도 문제가 없으면 발송하고, 아침에 보니 조금 과하다 싶으면 이를 수정해서 발송한다. 그렇게 보낸 메시지는 거의 실수가 없다. 내 감정 상태의 극단에서 보낸 것이 아니라, 내 감정의 고점과 저점의 숙성 과정을 충분히 거친 상태이기 때문이다.

때로는 내 감정을 예약해둘 필요가 있다.

중요한 메시지일수록, 그리고 중요한 관계일수록 더욱 그렇다. 그것이 내 실수를 줄이고, 내가 조금 더 견고한 메신저로 자리매김하게 만든다.

덧. 이메일은 물론이고, 카카오톡 메신저에도 '예약 메시지' 기능이 있다. 원하는 시간에 맞추어 메시지를 예약 발송할 수 있는 것이다. 주말 저녁에 갑자기 생각난 아이디어가 있는데, 지금 바로 보내면 상대방이 불편해할 것 같다면, 예약 메시지 기능을 활용해 보자. 메시지를 전달하는 것은 그 내용도 중요하지만 때론 타이밍이 더 중요하다.

'거의 다 왔다'라는 거짓말

유년 시절을 경남 하동과 진주에서 보낸 터라 나는 어릴 때부터 지리산을 뒷산처럼 오르내렸다. 초등학교 때부터 이미 지리산 최고봉인 천왕봉과 노고단, 험준한 뱀사골 계곡을 등산하곤 했는데, 이는 산을 유독 좋아하는 아버지 덕분이다.

등산은 오르는 내내 자기와의 싸움이다. 같은 산을 올라도 매번 쉽지 않다. 중간중간 숨이 턱턱 막힌다. 컨디션이 좋은 날은 그래도 버티는데, 컨디션이 좋지 않을 때는 다리가 천근만근이다.

내 기억 속에 당시 아버지는 회식이 유독 잦았다. 지금 생각해 보면 '워라밸'이라는 개념도 없었던 아버지 세대의 어른들에게 야근과 저녁 회식은 일상이었다.

그 무렵 어느 주말, 아버지와 둘이 지리산 천왕봉을 오르는데, 그날 따라 아버지 컨디션이 너무 안 좋아 보였다. 아버지는 원래 '슬로우 스타터'이다. 음식을 먹을 때도 천천히 시작하지만 남들이 젓가락을 놓을 때까지 꾸준히 먹는 스타일이고, 등산을 할 때에도 초반에 속도를 안 내지만 모두가 지치기 시작할 무렵에 놀라운 뒷심을 보인다.

그런데 그날은 한주 동안 격무로 피곤하셨는지 산을 오른 지 얼마되지 않아 털썩 주저앉아서 "아들, 오늘은 그냥 내려갈까? 아빠 도저히 힘들어서 안 되겠는데….."라고 이야기하는 것이었다.

당시 초등학교 4학년이었던 나는 마음속으로 '여기까지 왔는데 그냥 가기는 아깝지 않나' 하고 생각했지만, 어쩌면 오늘은 빨리 포기하고 내려가는 게 나을 수도 있겠다는 생각도 들었다.

그래도 정상까지 얼마나 남았는지 물어나 보자 싶어서, 앞서 천왕봉을 오르고 내려오는 아저씨에게, "아저씨, 얼마나 남았어요?"라고 물었더니, 마음씨 좋아 보이는 아저씨는 빙그레 웃으며, "어이쿠. 아들래미, 장하네. 아빠 따라서 등산 왔어? 거의 다 와가. 조금만 힘내면 곧 천왕봉이 보일 거야"라고 답하는 게 아닌가.

'아니, 이제 한두 시간 걸었는데 벌써 정상에 다 와간다고?'

10살 남짓 꼬맹이한테도 이건 거짓말이라는 게 눈에 보였다. 근데 신기하게도 뻔히 거짓말인지 아는 그 말에 은근한 힘이 있었다. 속으로 그런 생각까지 했다.

'그래. 그냥 다 와 간다고 믿고 아빠랑 조금 더 걷자.'

우리는 다시 걷기 시작했다. 초반에 지친 기색이 역력했던 아버지도 조금씩 힘을 내었다. 그렇게 한참 동안 중턱을 넘어서고 첨탑처럼 가파른 마지막 구간을 오르자, 마침내 구름이 내 발 밑에 펼쳐진 천왕봉 정상에 도달할 수 있었다.

"아들, 오늘은 아빠가 정말 힘들었거든. 근데 아들 덕분에 올라올 수 있었네. 고마워."

지금도 일 년에 몇 차례 아버지와 산을 오른다. 천왕봉을 오를 당시의 아버지 나이가 지금 내 나이보다 젊었으니, 아버지도 아들도 그때 같지 않지만 여전히 우리는 산을 좋아한다.

가끔 아버지랑 등산을 하다가, "아저씨, 정상까지 얼마나 남았어요?"라고 묻는 아이를 마주친다. 그럴 때, 나는 수십년 전 지리산 골짜기에서 마주친 마음씨 좋아 보였던 아저씨처럼, "거의 다 왔어. 조금만 더 가면 돼"라고 말한다. 그리고 그 순간 곁에 있는 아버지도 소리 없이 웃고 있는 게 느껴진다.

'거의 다 왔다'는 뻔한 거짓말. 그런데 그 말에는 응원의 마음이 듬뿍 담겨 있다.

"조금만 더 힘내자.
여기서 주저앉지 말자.
할 수 있다."

그러고 보면 거짓말도 가끔은 필요한 게 아닌가 싶다.

슴슴하다

성수동에서 차를 타고 10분 정도, 어린이 대공원 방향으로 가다 마주하는 구의사거리 모퉁이 낡은 건물에 '서북면옥'이라는 옛날식 간판이 보인다. 여러 해 동안 이 길목을 지나다니며 관찰해 본 바로는, 이곳은 사시사철 사람들이 줄을 서서 냉면을 기다리는 서울의 유명 맛집이다.

　작은 문을 열고 안으로 들어가면 정갈하게 음식을 내고 있는 아주머님들이 눈에 보이고, 1968년부터 시작된 이 집의 역사를 보여주듯 각종 사진들과 스크랩된 신문 기사들이 벽 곳곳에 붙어져 있다. 특히 벽면 한 켠에 자리잡은 글귀가 인상적이다.

　　大味必淡 (대미필담)
　　정말 좋은 맛은 반드시 담백한 것이라는 뜻

처음 서북면옥에서 냉면을 시켜 먹었을 때, 솔직히 나는 실망스러웠다. 그동안 강한 자극에 익숙해진 내 혀가 느끼기에는 충분치 못한 이 집 냉면 맛에 '간이 제대로 된 게 맞나' 하고 고개를 갸우뚱 했던 기억이 있다. 요즘 젊은이들이 열광하는 혀가 얼얼할 정도로 매운 마라탕이나 땡초 김밥과 같은 음식을 즐겨 먹다가 서북면옥의 평양냉면을 먹으면 첫 인상이 너무 밋밋하기 때문이다.

그런데 신기하게도 그 밋밋한 국물이 오래도록 기억에 남는다. 국물을 마시면 마실수록 이집의 그 슴슴한 냉면 국물이 계속 당긴다. 그렇게 처음부터 끝까지 밋밋하고 슴슴한 냉면을 한 그릇 먹고 집으로 돌아오면, 이후 며칠간은 시도 때도 없이 그 맛이 생각난다.

슴슴하다

이 말보다 평양냉면의 맛을 잘 표현하는 말이 있을까? '슴슴하다'는 말을 사전에 검색해 보니, 표준어로는 인정받지 못하는 말로 '심심하다'의 잘못된 표현이라고 되어 있다. 하지만 나는 '슴슴하다'라는 말이 '심심하다'의 잘못된 표현이라는 사전적 정의에 동의하지 않는다. '슴슴하다'라는 '심심하다'의 잘못된 표현이 아니라, '심심하다'와는 다른 말맛(말소리나 말투의 차이에 따른 느낌과 맛)을 가진 표현이기 때문이다.

'슴슴하다'는 말에는 단순히 '심심하다'에는 담지 못하는 '감칠맛 나는 싱거움'의 말맛이 포함되어 있다. 이는 북한에서 아무 맛도 없이 싱겁다는 뜻을 가진 '무슴슴하다'라는 말과 비교해보면 그 의미가 더 명확해진다. 때로 사전적 정의는 동시대의 언어 사용자들의 의도를 정확히 반영하지 못하거나 뒤늦게 반영하기도 한다.

담백한 것이 오래간다.
음식에서도 관계에서도 대화에서도.

이 단순한 진리가 어지러운 세상에서 점점 더 큰 존재감으로 다가온다. 생각해 보면 복잡한 이해관계가 얽혀 있는 기(氣) 빨리는 대화 상황에서는 약속을 정할 때부터 이미 부담스러울 때가 많다. 나이가 들수록 지속적인 관계에서 나누는 슴슴한 대화를 본능적으로 선호하게 된다.

그런 대화가 주는 소소한 만족감과 정서적 안도감이 '매운 맛'의 자극적인 대화보다 훨씬 더 오래 기억에 남는다.

얼마 전부터 일상을 담백하게 만들어 보려고 노력하고 있다. 아내와 요즘 즐겨 먹는 음식이 있다. 파, 마늘, 버섯, 알배추, 무를 넣고 싱싱한 상태의 소고기 사태를 넣은 다음 물과 함께 충분히 끓인다. 그리고 사태를 중간에 꺼내서 얇게 썰어서 야채 위에 깔아 두고 다시 조금 더 끓인다.

이게 조리과정의 끝인데, 잘 익은 소고기를 얇게 썰어 먼저 한 점씩 소금에 찍어서 먹고, 충분히 우러난 국물을 야채와 함께 먹는다. 아무런 간을 하지 않아도 고기는 고기대로 맛있고, 파, 마늘, 버섯, 알배추, 무와 같은 야채는 재료 하나하나가 가진 본연의 맛을 느낄 수 있어 좋다. 특히 마무리로 마시는 은근하고 깊은 국물 맛이 아주 일품이다.

관계도 기름기를 빼고 더 담백하게 가져가려고 한다. 불필요한 약속을 줄이고, 꼭 만나고 싶은 사람만 만난다. 그리고 가급적 둘이서 만난다. 둘만의 대화는 어떤 시간보다도 더 깊은 교감을 나눌 수 있게 한다. 복잡한 관계 속에 나를 드러내기 위한 자의식 과잉의 행동들이 필요 없는 자리가 좋다.

대화도 담백하게 하려고 노력한다. 빙빙 돌려 이야기하거나 양념을 잔뜩 버무리는 문장보다는, 내가 느끼는 감정을 솔직하고 숨김없이 툭 털어 놓는다.

결국 내가 스스로에게 할 수 있는 최고의 배려는 관계와 시간과 대화가 번잡한 것들로부터 오염되지 않고 담백한 상태를 유지할 수 있게 하는 것이라 생각하는 요즘이다.

아이스 아메리카노

무더운 여름 오후, 모 기업의 요청으로 강의 촬영을 위해 구로디지털단지역 근처 스튜디오로 향했다. 점심을 먹고 오후 2시부터 촬영이 시작되는 일정인데, 지난번 촬영 때 스튜디오 안이 더워서 혼이 났던 기억이 떠올랐다.

4평 남짓 되는 작은 스튜디오에서 촬영 팀장님, 콘텐츠 기획 매니저와 함께 셋이서 여섯 시간 넘게 촬영을 했는데, 사방에서 쏘는 조명이 워낙 강한데다 에어컨 소리가 영상에 방해가 될 수 있다고 해서 에어컨까지 끄고 촬영을 해야 했다. 열악한 환경에서 촬영하는 내내 등줄기에서는 땀이 비오듯 쏟아졌고, 힘들어 하는 내 모습에 두 사람도 마음을 쓰며 어쩔 줄 몰라 했다.

이 날도 몇 시간을 함께 고생하게 될 두 분을 위해, 가는 길에 시원한 커피를 한 잔 사 들고 가야겠다 싶어, 1층 까페에 들러 아이스 아메리카노 세 잔을 손에 들고 스튜디오가 있는 8층으로 향했다. 그리고 미리 대기하고 계신 두 분께 아이스 아메리카노를 한 잔씩 건네면서 인사를 드렸는데, 두 사람 다 예상치 못했는지 너무 고마워했다.

"수년간 이 일을 하고 있지만, 강연자 분께서 커피를 준비하신 건 이번이 처음이에요. 너무 감사합니다. 잘 마실게요."

사실 나는 하루이틀 촬영하고 가면 끝이지만, 촬영 이후 거의 한두 달을 매달려서 영상 편집과 온라인 교육프로그램 오픈을 준비해야 하는 그분들에게는 이제 본격적인 업무의 시작일 뿐이다. 고생길이 훤히 눈에 보여서 작은 정성을 표시했던 것인데, 이를 고마운 마음으로 받아주시니 시작 전부터 한결 마음이 놓였다.

그날 촬영은 지난번 촬영보다 더 집중했다. 촬영 내내

힘들었던 스튜디오 분위기도 지난번보다 밝았고, 느낌상 촬영 결과물도 더 잘 나온 것 같다. 아이스 아메리카노 한 잔으로 건넨 그날의 마음이, 열 마디 말보다 훨씬 더 잘 전달되었던 것 같다.

시큰거리다

"할아버지, 비만 오면 어깨가 송곳으로 찌를 듯 아프다고 하셨는데 최근에 장마로 비가 많이 왔는데 고생 많으셨겠어요. 지난번 침 놓아 드린 건 어떠셨어요? 도움이 되셨나요?"

"어머니, 지난번에 오른쪽 무릎이 시큰거린다는 건 괜찮으세요?"

독서 모임에서 만난 젊은 한의사 한 분은, 하루에도 수십 명씩 진료하는 환자들에게 어떻게 하면 편하게 다가가면서 신뢰를 쌓을 수 있을지 오랫동안 고민해 왔다고 했다. 그는 자신이 다소 내성적이라 먼저 다가가는 스타일은 아니지만, 지난 수년간 환자들을 진료하며 발견한 나름의 대화법이 있는데, 많은 사람들이 좋아해서 호감과 신뢰를 쌓는데 도움이 되었다고 했다.

"경험적으로 진료를 해 보면 환자 분들마다 통증을 설명하는 방식이 모두 다름을 알 수 있었어요. 저는 진료 차트에 환자 분 고유의 표현 방식을 그대로 기록해 두었습니다. 그리고 다음에 환자 분이 오셨을 때 환자 분의 언어와 똑같은 표현을 써서 통증 부위가 어떠한지 먼저 여쭤봤어요. 그러면 환자 분들은 의사가 자신을 기억한다는데 먼저 고마움을 느끼고, 제가 정확히 통증에 대해 익숙한 언어로 이야기할 때 친근감까지 느끼시더라고요. 그게 제가 환자에게 호감을 전하고 신뢰를 쌓아가는 나름의 노하우랍니다."

심리학에서는 무의식적으로 자신이 호감을 갖는 사람의 언어나 비언어적 행위를 따라하는 행위를 '미러링 효과'라 한다. 마치 거울에 비친 듯 말투와 행동이 상대와 비슷해진다는 의미이다. 이 한의사 분은 환자들의 언어를 관찰하고 이를 그대로 사용함으로써, 자신이 호감을 갖고 있다는 무언의 메시지를 상대방에 전달하고 있었던 것이다.

좋아하는 사람, 친해지고 싶은 사람, 호감을 표현하고 싶은 사람이 있다면 먼저 그 사람 고유의 언어와 행동을 떠올려 보자. 그리고 그 사람의 언어로 대화를 시작해 보자. 무의식 중에 그 사람은 이미 당신에게 호감을 느끼고 있을지 모른다.

위로가 되는 말

문득, 지우 형이 보고 싶어 사무실로 찾아갔다.

둘이서 가까운 식당에서 복지리탕을 한 그릇씩 시켜 맛있게 먹고, 커피를 한 잔씩 들고 사무실로 돌아왔다. 다들 점심 먹으러 나간 아무도 없는 사무실에서 듣고 싶은 음악을 켜 두고 우리는 느긋하게 이야기를 나누었다.

지우 형은 지난 주에 함께 일하는 이사님과 이야기를 하다가 큰 위로를 받았다고 했다. 상반기에 여러 상황으로 회사를 경영하기가 힘에 부쳤다고 이야기하며, 앞으로 달라진 환경에서 어떻게 헤쳐 나가야 할지 고민이 많다고 털어놓으니, 이사님께서 이런 이야기를 했다고 한다.

습관이 결국 일상의 시간을 이루고, 그 시간이 지금의 지우를 만든 것이라 생각해요. 이때까지 수년간 곁에서 지켜본 바로는 지우는 인생에서 꼭 필요한 좋은 습관들을 가지고 있는 사람이니 자신의 습관을 더 신뢰해도 될 거 같아요. 지금 힘들지만 지우가 쌓아온 습관들이 힘든 시간을 견디게 해 줄 거예요.

"재언아, 그 말이 참 위로가 되더라. 힘들 때 누구도 나한테 그런 이야기를 해 준 적이 없어서 사실 외로웠는데, 이사님 같은 어른한테 그런 말 들으니 위로가 되더라고. 많이 조급했는데 마음이 편안해졌어."

힘들 때 힘이 되어 주는 말은 오래도록 기억에 남는다. 사실이 위로가 되는 말이 그리 거창한 말은 아니다. 이사님의 말에는 지우 형이 살아온 인생에 대한 인정과 지우 형의 상황을 진심으로 염려하는 마음이 담겨 있었기에 홀로 고군분투해 온 지우 형에게 적지 않은 위로가 되었던 것이다.

어떤 말을 할지도 중요하지만, 같은 말이라도 어떤 마음을 담아 전할지도 그만큼 중요하다. 진심이 담겨 있는지 여부가, 간섭의 말과 위로의 말을 구분 짓는다.

꾸준히 해내는 사람의 마음가짐

2002년의 여름, 친구 상혁이와 무전여행을 떠났다. 대전부터 목포까지 히치하이크를 해서 이동했고, 저녁 무렵 편의점이나 빵집에 들러 유통기한이 다된 삼각김밥과 빵을 얻어먹으며 다녔다. 그때 배낭에 넣고 다닌 책 한 권이 바로, 무라카미 하루키의 『상실의 시대』였다.

그 시절 틈만 나면 펼쳐보았던 『상실의 시대』. 무엇 하나 잡히는 것 없이 불확실하고 불안한데, 묘하게 그 다음 장이 궁금해지는 하루키의 소설이 스무 살의 류재언과 닮아 있었다.

원래 일본에서 '피터캣'이라는 이름의 작은 재즈바를 운영하는 평범한 아저씨였던 하루키는, 전업작가가 되어 지금까지 90여 권이 넘는 책을 발간하며 왕성하게 작품 활동을 하고, 매년 노벨 문학상 후보로 거론되는 문학계의 거장이 되었다.

20대에 나는 그의 매력적인 문장에 이끌려 그의 소설을 주로 읽었지만, 요즘은 담백하고 진솔하게 생각을 정리해 둔 그의 산문집을 즐겨 읽는다.

특히 『달리기를 말할 때 내가 하고 싶은 이야기』와 『직업으로서의 소설가』는 내 책상 1m 이내 가장 가까운 책장에 꽂아 두고, 아침에 커피를 마시거나 무엇인가에 골몰하기 전 마음을 다잡을 때 수시로 펼쳐 보고 밑줄을 긋고 낭독하는 책이다.

하루키는 매일 4~5시간씩 집중해서 글을 쓴다. 그 고된 중노동을 견디기 위해 그는 매일 한 시간씩 달린다. 그리고 1년에 한 번씩은 42.195킬로미터의 풀코스 마라톤을 달린다. 지금까지 25회가 넘는 풀코스 마라톤을 완주했다고 하니 '그냥' 달리는 수준은 아니다.

그는 어떻게 지난 수십년간 매일 4~5시간씩 글을 쓰고 계속 달릴 수 있었을까. 하루키의 산문집에서 발견한 꾸준히 내가 원하는 것을 해내는 사람의 마음가짐을 정리해 보았다.

마음가짐 하나, 목표를 세운다.

"내가 '착실하게 달린다'고 하는 말은 구체적인 숫자를
들어서 말한다면, 일주일에 60킬로를 달리는 것을 의미
한다."

– 『달리기를 말할 때 내가 하고 싶은 이야기』 중에서

하루키는 일주일에 60킬로미터를 달린다. 하루에 10킬
로미터씩 매일 달리고, 일주일에 하루는 쉰다. 하루키가
꾸준히 달리는데 필요한 첫 번째 마음가짐은 구체적이고
실현가능한 목표를 세우는 것이다. '최대한 많이 달려야
지'라고 생각하면 실제로 많이 달리기도, 꾸준히 달리기
도 힘들다. 매일 내가 달성할 수 있는 구체적인 목표가 있
는 사람만이 그것을 계속 할 수 있다.

마음가짐 둘, 오버하지 않는다.

"더 쓸 만하다고 생각될 때 과감하게 펜을 놓는다. 그렇
게 하면 다음 날 집필을 시작할 때 편해진다."

변호사 시험을 준비하며 항상 생각했던 부분이다. 꾸준히 3년을 공부하려면, 오늘 하루 기운이 넘친다고 무리해서 자기의 속도를 잃으면 안 된다. 밤 12시가 넘어가면 조금 더 할 수 있을 것 같아도 책을 덮었다. 경험적으로 그게 옳았다. 가끔 압박감에 쫓겨 새벽 2~3시가 넘어서까지 열람실 불을 밝힌 때도 있었지만, 결국 그다음 날을 망치게 되었다. 게다가 한 주 전체 흐름에 안 좋은 영향을 미치곤 했다. 꾸준히 무엇인가를 한다는 것은, 자기 엔진의 크기를 정확히 인지하는 것, 그리고 그 엔진이 과열되지 않도록 세밀하게 관리하는 의미를 포함한다.

마음가짐 셋, 시간을 내편으로 만든다.

"'해야 할 일은 똑 부러지게 했다'는 확실한 실감만 있으면 기본적으로 아무것도 두려워할 게 없습니다. 그 다음은 시간의 손에 맡기면 됩니다. 시간을 소중하게, 신중하게, 예의 바르게 대하는 것은 곧 시간을 내편으로 만드는 것이기도 합니다."

- 『직업으로서의 소설가』 중에서

꾸준히 무엇인가를 하는 힘은 '경쟁에서 이기겠다' 식의 외적 동기만으로 지속할 수 있는 것이 아니다. 스스로 설정한 단단한 기준과 이를 성취했다는 내적 만족감이 하루하루 쌓여가야 한다. 그 성취로 인한 자족감이 차곡차곡 쌓여 습관이 될 때 비로소 '시간은 내 편'이 된다. 그때부터는 성취에 관성의 힘이 붙어 멈추지 않고 계속 달릴 수 있게 된다.

적어도 끝까지 걷지는 않았다.

매일 글 쓰고, 매일 달리는 하루키가 자신의 묘비 명으로 선택한 문장이다. 내가 닿고 싶은 목적지를 향해 내 페이스를 유지하며 매일 꾸준히 달리는 일상을 만들어가고 싶다.

헌법낭독회

성수동 골목길 끝 자락에 '인생공간'이라는 작은 공간을 운영한 적이 있다. 2016년부터 5년간 인생공간을 운영하며, 공간을 기반으로 할 수 있는 다양한 실험을 해 보았는데 그중 하나가 '인생쌀롱'이라는 커뮤니티 프로그램이었다.

인생쌀롱에서는 인생에 한 번쯤 경험해 보고 싶은데, 어디에서도 찾을 수 없는 그런 커뮤니티 모임을 기획해서 운영을 했다.

예를 들면, '헌법낭독회'는 대한민국 헌법을 낭독하고 그 의미를 이야기하는 모임이었고, 가수 김광석의 대표 곡들을 모여서 듣고 현직 작곡가와 함께 이야기 나누는 '김광석 음감회', 젊은 화가를 초대해서 그 화가의 대표작을 함께 그려 보는 '페인팅 나잇', 소믈리에를 초대해

각국의 위스키를 시음하고 나라별 위스키를 공부해 보는
'위스키 나잇'같은 모임이었다.

그중 나는 헌법낭독회를 기획해서 운영했다. 헌법낭독
회는 헌법을 읽어본 적 없는 사람들이 모여 대한민국 헌법
전문을 소리 내어 읽어 보고, 각 조문이 가진 의미를 함께
이야기 나누는 모임이었다.

헌법 제10조 모든 국민은 인간으로서의 존엄과 가치를
가지며, 행복을 추구할 권리를 가진다. 국가는 개인이
가지는 불가침의 기본적 인권을 확인하고 이를 보장할
의무를 진다.
헌법 제11조 제1항 모든 국민은 법 앞에 평등하다. 누구
든지 성별·종교 또는 사회적 신분에 의하여 정치적·경
제적·사회적·문화적 생활의 모든 영역에 있어서 차별
을 받지 아니한다.
헌법 제34조 제1항 모든 국민은 인간다운 생활을 할 권
리를 가진다.

대한민국 헌법 곳곳에 이렇게 가슴 뛰는 문장들이 있다. 하지만 대부분 헌법을 읽어볼 기회가 없다.

헌법낭독회의 또 다른 묘미는 낭독의 즐거움을 알아가는 것이다.

낭독 朗讀 [낭:독] 글을 소리 내어 읽음

글을 소리 내어 읽는 즐거움은 커다랗다. 작가의 글이 내 목소리로 바뀌어 공간을 채울 때 글이 내 것으로 체화되는 기분이 든다. 빠르게 뜻을 파악하고 정확하게 요약한 다음 추려진 정보를 외우는 것이 입시와 승진을 위해 필요했지, 문장을 소리 내어 읽는 행위는 더디고 거추장스러운 불필요한 행위였다. 그런데 그렇게 한 문장씩 소리 내어 읽는 거추장스러운 과정에서 눈으로 훑고 지나갈 때는 모를 문장의 맛과 의미들이 발견된다.

칠흑 같은 어둠이 대한민국 전반을 뒤덮었던 그 해 겨울, 30여 명의 지인들과 성수동 골목길 한 켠에 위치한 인생공간에 모여 대한민국 헌법을 한 문장씩 소리 내어 읽어 내려갔다. 조용하고 차가운 공기를 뚫고 수십 명이 함께 속도를 맞추어 헌법을 읽어 내려가는 가운데 뿜어져 나오는 온기와 에너지가 공간을 가득 채웠다.

총 8주간 진행했던 헌법낭독회의 마지막 모임을 앞두고 헌법재판소는 박근혜 대통령 탄핵심판 사건에서 아래와 같은 주문을 결정했다.

주문. 피청구인 대통령 박근혜를 파면한다.

이 한 줄의 주문을 얻기 위해, 유난히 춥고 지독히 길었던 그 해 겨울 온 국민이 촛불을 밝혔다. 그리고 그 해 겨울, 헌법낭독회 마지막 모임에서 우리는 박근혜 대통령 탄핵심판 결정문을 큰 소리로 함께 낭독하였다.

그러고 보니, 그렇게 소리 내어 읽은 낭독의 순간들은 잊혀지지 않고 내 기억 속에 각인되어 있다.

느리고 거추장스러운 것들이 가진 남다른 힘이 있다.

손이 가는 옷은 따로 있다

손이 가는 옷은 따로 있다. 순간 예뻐서 산 옷들은 이런저런 이유로 손이 잘 가지 않는다. 옷이 너무 타이트해서 배에 힘을 주고 있어야 되거나, 앉을 때마다 조심해야 한다. 안감이 깔끄러워서 그냥 입지 못하고 안에 무언가를 받쳐 입어야 한다. 컬러가 화려하고 튀어서 일상복으로는 적합하지 않은 경우도 있다.

이런 옷들은 1년에 한두 번 입거나, 사계절이 지나도록 한 번도 안 입는 경우도 허다하다. 순간 끌려서 구매했지만, 내 옷장에 걸려 있다는 소유욕만 충족될 뿐 엄밀히 말하면 진짜 내가 입는 옷은 아닌 것이다.

그럼 진짜 내 옷은 어떤 옷인가. 우선 볼록 튀어나온 아랫배가 드러나지 않게 적당히 여유가 있어야 한다. 그리고 옷감이 부드럽고 살이 맞닿는 부분의 촉감이 좋아야 한다. 컬러도 튀지 않고 무난해서 면바지나 청바지, 비즈니스 캐쥬얼에도 잘 어울려야 한다. 앉거나 서거나 오랫동안 작업을 해도 하루 종일 불편함이 느껴지지 않아야 한다. 마치 입은 듯 안 입은 듯 특별한 신경이 쓰이지 않고 내 몸과 같아서, 샤워를 하고 옷장 앞에 서면 무의식적으로 가장 먼저 손이 가는 그런 옷들이 진짜 내 옷이다. 이런 옷들은 대개 화려하지 않고, 비싸지도 않으며, 관리가 까다롭지도 않은 옷들이다.

가만히 생각해 보면 사람과의 관계도 이와 무척 닮았다. 처음 만났을 때 그 사람의 겉모습이나 명함을 보고 순간, 관심이 가는 사람들이 있다. 명함 관리 앱에 명함을 일단 저장해 두면, 무언가 내 사람이 된 것 같고 언제라도 다시 이어질 듯한 혼자만의 착각에 빠지게 된다.

하지만 사실 수년이 지나도록 그 사람과 연락 한 번 하는 경우가 드물다. 옷장 속에 묵혀 둔 손이 안 가는 옷처럼, 명함 관리 앱 속에 저장된 하나의 불특정 번호에 불과하다. 진짜 내 옷이 아닌 것처럼, 진짜 내 사람은 아닌 것이다.

그럼 진짜 내 사람은 어떤 이들인가. 진짜 내 사람은 진짜 내 옷과 닮아 있다. 이들은 '나'라는 변변치 않은 인간을 넉넉하게 보듬어 주는 품을 가진 이들이다. 이들은 남들이 모르는 내 단점을 잘 알고 있지만, 그 단점을 부각시키지 않는다. 이들을 만나면 특별한 노력을 하지 않아도 편안하다. 함께하는 시간이 편안하기에 서로 아무 말 대잔치를 하거나, 때론 아무 말을 하지 않아도 신경 쓰이지 않고 어색하지 않다.

간혹 이들과 연락이 수개월 되지 않으면 샤워를 하다가 문득 '그 녀석 잘 지내나' 하고 생각이 난다. 그리고 샤워를 마치고 무의식적으로 그 친구에게 전화를 걸고 있는 나를 발견한다. 주차를 하고 나서 집으로 올라가기 전, 술을 한잔하고 집으로 들어가는 길, 점심을 먹고 사무실에 혼자 앉아 커피를 마실 때, 일상의 작은 틈이 나면 자연스럽게 이들에게 전화를 하는 스스로를 발견하곤 한다.

존재만으로 마음이 편안하고, 부재가 궁금하고 아쉬우며, 아무런 이유 없이 그냥 내 의식이 향하고 있는 이들. 이들이 진짜 내 사람이다.

요즘은 그런 생각이 든다. 진짜 내 옷만으로도 일상을 살아가는 데 큰 불편함이 없는데, 언젠가 인생에 한두 번 입을지 안 입을지 모르는 막연한 기대감을 위해 가짜 옷들을 소유하고 그 옷을 위한 옷장의 공간을 가지고 있을 필요가 있을까? 나는 언제까지 막연한 불안을 해소하기 위해 내 것이 아닌 것을 내 것인냥 소유하며 약간의 위로에 기대 살 텐가.

자기 것이 아닌 것을 소유하기 위해서는 그것을 소유하기 위한 노력과 비용이 든다. 그것을 선택하는 시간이 들고, 소유하기 위한 물리적 공간과 심리적 공간이 필요하다. 때로는 그것을 소유하기 위해 진짜 내 것을 위한 공간이 줄어들기도 한다.

근원적으로는 진짜 내 것이 무엇인지를 꿰뚫어 보는 눈, 그것만으로도 불안하지 않을 수 있는 단단함, 그것으로 세상을 대면할 수 있는 용기가 필요하다. 언젠가를 위해 내 것이 아닌 것을 내 것인냥 무리하게 소유하려고 하는 습관은 버려야 한다. 그것은 나를 갉아먹고 내 시간을 축내고, 진짜 내 것들과의 연대를 약화시킨다.

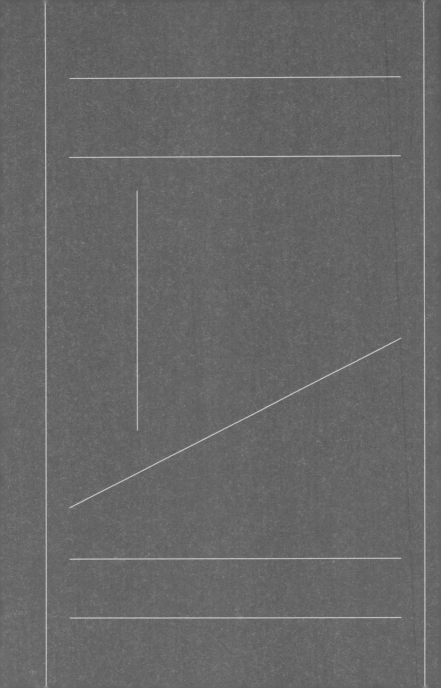

3

대화 공포증 유발자

대화 폭식증

지하철을 타고 가는데 외로웠다. 세 시간 넘게 대화를 하고 오는 길인데 오히려 더 대화가 고파졌다. 생각해 보니 그 사람을 만날 때마다 그랬다. 오늘도 그의 고민, 그 주위에 있는 대단한 사람들, 그가 소유한 것들, 그가 이루고 싶은 것들, 그의 꿈을 듣다가 시간이 다 갔다.

그는 매번 대화를 폭식했다. 60분 중 50분 이상은 그가 이야기했다. 처음에는 그를 둘러싼 환경과 그의 화려한 이력, 그가 가진 것들과 그가 만나는 사람들이 부럽고 궁금했다. 하지만 지금은 그런 호기심이 더 이상 남아 있지 않다. 어느 순간 그의 폭식성 대화가 거북해지기 시작했고, 그와의 대화 시간은 조용히 혼자 있는 시간보다 더 외로웠다.

'대화 폭식증'에 빠진 사람들이 있다. 대화를 지배하는 것에서 희열감을 느끼고, 상대보다 우위에 있다는 착각에 빠지며, 그 속에서 자신의 욕망을 해소한다. 하지만 상대방은 아무런 욕구도 해소되지 못하고, 불만이 쌓일 뿐이며, '내가 저 사람의 감정 쓰레기통인가?' 하는 생각까지 들기도 한다.

대화의 황금 비율은 3:7이다. 내가 이야기하는 것이 7, 상대가 이야기하는 것이 3이 아니다. 내가 이야기하는 것이 3, 상대가 이야기하는 것이 7일 때 상대를 내 편으로 만들 수 있는 확률이 가장 높다는 것이다.

말하고 싶은 욕구는 인간이 가진 가장 근원적인 욕구이다. 누군가 내 이야기를 들어주는 것만으로도 우리가 가진 욕구의 상당 부분이 해소된다. 반대로 내가 누군가의 이야기를 경청하며 들어줄 때, 그 사람은 '아, 이 사람이 내게 관심이 있구나, 나를 존중하고 내 이야기를 주의 깊게 듣는구나'라고 생각하며 마음을 열기 시작한다. 그렇게 이어지는 대화는 상대에게 깊은 정서적 만족감을 준다.

그 과정에서 우리는 자연스레 상대의 마음을 얻고 상대가 원하는 것을 파악할 수 있으며, 상대의 머릿속 지도가 어떤지 짐작해 볼 수 있다. 그렇게 파악된 지도를 가지고 대화를 이어가면 대화의 희열과 만족감은 더욱 커진다.

나는 누군가와의 대화를 폭식하고 있지 않은가. 대화를 하며 일방적으로 내 욕구만 해소하고 있지 않은가. 혹시 내 소중한 지인 중 누군가는 나와의 대화에서 지독한 외로움을 느끼고 있지는 않은가.

어느 대학 병원 전문의의 진단

둘째 선웅이가 첫돌을 몇 주 앞둔 여름의 어느 날이었다.
금요일 저녁 퇴근 후, 아이들을 데리고 서울역으로 가서
KTX를 타고 본가로 향했다. 간만에 손주들을 보는 어머
니는 아이들을 끌어안고 뽀뽀 세례를 퍼부었고, 나와 아
내는 어머니가 준비한 엄마표 된장찌개와 제육볶음에 행
복한 저녁이었다.

다음날 아침, 웅이 몸에 붉은 반점들이 아랫배 주위로
퍼지기 시작했다. 미열이 나고, 아침에 먹은 음식을 토했
다. 부모는 아이가 아프면 온 신경이 곤두선다. 더구나 우
리 집이 아니기에, 평소 다니던 소아과를 갈 수도 없는 상
황이었다.

병원을 어디로 가야 할지 찾는 일부터 엄청난 스트레스
였다. '내려올 때만 해도 괜찮았는데 공간이 바뀌어서 아

이가 스트레스를 받았나, 주말에 집에서 쉴 걸 괜히 내가 욕심을 부려서 무리하게 본가에 내려온 건가?' 하고 별 생각이 다 들었다.

급하게 가까운 소아과에 가서 진찰을 받고 타온 약을 먹였지만, 붉은 반점은 점점 더 퍼져서 웅이 온몸을 뒤덮고 얼굴까지 번져갔다. 단순 감기는 아닌 게 분명했다.

서둘러 서울로 올라와서 월요일 아침 일찍 모 대학 병원 소아과로 향했다. 외래 진료 접수를 마치고 진료실로 들어서자 작은 체구에 깐깐해 보이는 50대 남자 의사가 앉아 있었다. '소아과 전문의 ○○○'라는 선명한 글씨가 흰 가운 위에 새겨져 있었다.

돌이 지나지 않은 아기였기에 진료를 위해 웅이가 움직이지 못하도록 침대에 몸을 끈으로 묶었는데 그때부터 부모의 마음은 몸부림치는 아이와 함께 울고 있었다. 의사는 웅이의 상태를 잠깐 살펴보는 듯하더니 이내 고개를 끄덕이고 자신의 자리로 돌아왔다. 그러고는 책상 위에 미리 인쇄해둔 종이 한 장을 나에게 건넸다.

〈아토피 피부염〉

난방 X

목욕(욕탕 목욕 10분 이내)

비누 사용(얼굴 포함)

보습제 하루 3회

락티케어 매일 오전 1회(붉은색 피부 부위)

항히스타민제 매일 복용

원인 검사(알레르기 검사) 필요

"아이의 증상은 아토피 피부염입니다"라는 짧은 문장과 함께, 의사는 내게 건넨 쪽지에 붉은색 펜으로 밑줄을 치며 "앞으로는 목욕, 난방 등 생활 전반에 각별히 신경을 써야 되고, 매일 처방된 약을 먹어야 합니다"라고 건조하게 설명했다.

그리고 혹시 아토피 피부염에 추가로 음식에도 알레르기 반응을 보이는지 별도의 검사가 필요하니, 지금 바로 검사실로 내려가서 검사를 받고 일주일 뒤에 다시 외래 진료를 받으러 오라고 했다.

끈에 물건처럼 묶여서 울고 있던 아이를 얼른 다시 품에 안았다. 놀란 가슴을 진정시킬 새가 없었다. 그 의사에게 당장 물어야 할 것들이 많았다. 선생님께서는 어떤 점에서 아토피 피부염이라고 생각하는지, 그리고 아토피 피부염이라고 한다면 완치될 수는 있는지, 보통 얼마나 증상이 지속되는지, 선생님이 말씀하신 생활 처방을 언제까지 지켜야 하는지 등 부모로서 지극히 궁금한 부분들을 조심스레 물어보았다. 그 순간 나는 그의 신경을 거스르지 않으려 애를 쓰면서, 아이에게 필요한 최대한의 정보를 얻어야 하는 '을'의 심정이었다.

그의 말투에 슬슬 짜증이 묻어 나왔다. 내가 이것저것을 물어보는 짧은 시간 동안 그는 손목에 찬 시계를 몇 번이나 힐끔거렸다. 그의 무성의하고 기계적인 태도에 나는 한없이 작아지고 있었다. 진찰실에 들어서는 순간부터 병원을 나오는 그 순간까지 나는 권위적이고 고압적인 그의 태도에 완전히 짓눌려지는 기분을 떨칠 수 없었다. 얼마나 많은 부모들의 가슴에 피멍이 들었을까.

결국 선웅이의 증상은 아토피 피부염이 아니었다.

대화의 숙취

아침에 일어나니 머리가 지끈거린다. 술을 입에도 대지 않았는데 숙취가 느껴지는 이유는 전날 저녁 참석한 모임에서 오고 간 지독하게 재미없고 무익했던 대화 때문이었다.

컨디션이 좋지 않아서 퇴근 후 집에 들어갈까 하다가, 그래도 초대해 준 지인에 대한 고마움과 책임감 때문에 퇴근하자마자 저녁도 거르고 지하철을 한 시간이나 타고 가서 참석한 모임.

고급 호텔을 빌려 이름있는 연사를 초대하고 그럴싸한 명함들을 주고받으며 얼굴에 자본주의 미소를 띤 채 세 시간 동안 주고받은 대화는, 대화라고 말하기도 민망한 수준의 헛헛하기 그지없는 내용들이었다.

조만간 투자가 크게 들어올 것이니 자기 회사 주식은 미리 사둬도 좋다는 이야기, 내 주위에 상상도 못할 부자들이 얼마나 많은지에 대한 이야기, 사실은 자기가 해외 명문 대학교를 나왔다는 것을 부끄러운 척하며 왜 처음 본 사람들 앞에서 밝히는 것이며, 자기가 사는 아파트 이름까지 굳이 말할 필요가 있는지, 이번에 새로 뽑은 비서의 신상에 대한 이야기는 대체 여기서 왜 한단 말인가.

자의식 과잉에 빠진 자들이 '하나라도 걸려라'는 식으로 던져 대는 헛배 채우는 대화의 미끼 속에서 차라리 고요함이 그리웠다.

그 날 모임에서 내가 깨달은 세 가지.

1. 때로 대화는 층간 소음보다 고통스럽다.
2. 지독한 대화는 지독한 숙취를 남긴다.
3. 한 테이블(4인)이 넘는 자리에서 불특정 다수와 하는 대화는 확률적으로 대화의 질이 현저히 떨어진다.

대화의 절대 금기사항

문을 열고 들어갔을 때, 그는 몸을 완전히 벽 쪽으로 틀어 앉아 내 눈을 보지 않고 이야기를 시작했다. 감정이 많이 상했고 이 대화가 불편하다는 것을 온몸으로 드러내고 있었다.

당위를 말하거나 법적으로 따지고 들어서는 안 되는 상황이었다. 그렇게 되면 대화는 단절되고, 서로 완전히 어긋나게 되어 누구도 원치 않는 결과로 이어질 게 분명해 보였다. 일단 얼음장 같은 분위기를 바꿔야 했다. 이럴 때는 논리를 접어 두고 감성으로 접근하는 방법이 필요하다.

"오늘 제가 이 자리에 온 이유는 누가 맞고 누가 틀린지 따지려고 온 것이 아닙니다. 다만 ○○님께서 그동안 어떤 일을 겪었고 왜 이렇게까지 감정이 상했는지 직접 들어보고 싶습니다. 부담 갖지 마시고 하고 싶은 말씀을 편하게 해 주시면, 저도 선입견 없이 들어보고 최대한 ○○님께 도움되는 방향으로 해결될 수 있게 저희 쪽에서도 애써 보겠습니다."

처음 들어왔을 때까지만 해도 완전히 벽 쪽으로 향했던 그의 몸이 미세하게 방향을 바꾸어 내 쪽으로 향했다. 온몸에 뾰족한 가시를 세우고 있는 듯 보였지만, 사실 ○○님도 절박한 상황이었고, 어떻게든 문제를 해결해야 하는 상황임을 나는 알고 있었다.

다만 자기 이야기를 들어주는 사람이 아무도 없었고, 모두가 자기의 잘못만 부각하고 지적하고 따돌렸던 것이다. 그는 이내 낮은 목소리로 이야기를 시작했다. 나는 그가 하는 이야기에 고개를 끄덕이며 들었다. 그러면서 나도 충분히 공감이 되며 그런 상황에서는 나라도 그렇게 했을 것이라고 이야기했다.

그의 팔짱이 풀렸고, 그는 더 솔직하게 자신의 서운했던 감정까지 드러내며 이야기를 이어갔다. 그동안 아무도 자신을 인정해 주지 않았고 아무도 들으려 하지 않았고 왜 그런 행동을 했는지조차 묻지 않아서 억울했고 답답했으며 외로웠다고 했다.

어떻게 하면 견고하게 막힌 차단막을 비집고 들어가서 대화를 이끌어낼 수 있을까 고민될 때가 있다. 상황에 따라 그 해결 방법은 다르겠지만 한 가지 절대로 해서는 안 되는 모든 대화의 금기사항은 있다. 바로, 시시비비(是是非非)를 따지며 시작하는 대화이다. 시시비비의 뜻은 옳고 그름을 따진다는 것이지만, 시시비비를 따지는 사람 치고 자기가 잘못했다고 먼저 시인하는 사람은 없다. 실제로 대화에서 시시비비는 '내가 맞고 너가 잘못되었음을 인정하라'는 말 밖에 안되는 것이다.

세상에 완전히 틀린 건 없습니다.
고장 난 시계조차도 하루에 두 번은 제대로 된 시간을 가리키잖아요.

파울로 코엘료『마법의 순간』에 나오는 이 멋진 문장을

가끔 떠올려 본다.

　대화에 있어서 완전히 틀린 것도 없고 절대적으로 맞는 것도 없다. 다만 서로의 입장 차이가 있을 뿐이다. 이를 무시하고 상대에게 자기 입장만 강요할 때 상대의 빗장은 더 굳게 잠기고, 대화는 단절된다. 시시비비로 시작하는 대화는 필연적으로 실패한다.

그 사람의 언어에 세 번 이상 등장하는 말

대학 합격 통지서를 받은 후 신입생 오리엔테이션에 참석했다. 고등학교 졸업 후 대학교 입학 전이니, 인생 첫 백수 시절이었던 것 같다.

경상도 사투리를 쓰는 녀석, 전라도 사투리를 쓰는 녀석, '교양 있는 서울 사람들이 쓰는 말'이라고 교과서에서 배운 표준어를 쓰는 녀석, 강원도 사투리를 쓰는 녀석, 이제 막 수능을 친 앳된 얼굴을 한 (대부분) 스무 살의 예비 대학생들이 한 자리에 모였다.

서로 어색하기도 하고 할 말도 없어 짧은 통성명을 한 뒤, 서로 고향이 어디인지를 물었다. 나와 상환이는 경남 진주가 고향이라 했고, 친구 동호는 경남 통영, 은선이는 전라도 광주, 현주는 부산이 고향이라 했다.

그러던 다른 조 친구 하나가 다소 색다른 대답을 했다. 내가 어디 출신인지 묻는 말에 친구 B는, "나는 은마아파트에 살아"라고 대답을 하는 게 아닌가.

"은마아파트? 은마아파트가 어디에 있는 건데?"라고 B에게 물었더니, B는 나를 보고 피식 웃으며, 대치동에 있다고 했다. 나는 다시 대치동은 어디에 있는 거냐고 물었고, B는 대치동은 강남에 있다고 했다.

'아니, 그냥 서울에 산다고 하면 될 것을… 그럼 지가 나한테 어디 출신이냐고 물었을 때, 내가 '상대현대아파트'라고 대답하면 알아듣나?'

그 뒤로도 내가 B를 만날 때마다, 어김없이 B의 언어 속에는 '은마아파트'라는 말이 등장했다.

대학을 졸업하고 사회생활을 시작했을 때, 나는 다시 몇 해 전 친구 B의 화법이 이따금씩 떠올랐다. 사회생활을 하며 만난 사람들 중에는 어색한 타이밍에 어울리지 않는 단어를 반복적으로 언급하는 B와 같은 사람들이 꽤 많이 있었기 때문이다.

'아버지 회사'라는 말을 반복해서 언급하는 2세 경영인, '청와대 있을 때'라는 말을 반복해서 언급하는 청와대 인턴 경험자, '학교가 커서'라는 말을 달고 다니던 S대 졸업자, '○○외고'라는 말을 수도 없이 언급하는 고등학교 때가 전성기였던 자, '여의도에서는'을 반복해서 말하는 메이저 금융기관 출신의 명예 퇴직자 등.

그래도 일찍이 B 덕분에 나는 그렇게 어색한 타이밍에 반복적으로 등장하는 그 낯선 단어들이 의미하는 바를 알고 있었다.

상대방의 언어에 세 번 이상 반복적으로 등장하는 말에는 그들의 과시 욕구와 인정받고 싶은 욕구가 담겨 있다.

그 사람의 욕구를 빠르게 눈치채고 내가 먼저 그 부분을 짚어 인정해 주면 그들의 인정 욕구는 충족되고 관계도 이내 편안해질 수 있다. 하지만 그 부분을 인지하지 못하거나 알고도 얄미워 외면하면 그 사람의 언어에 그 특정 단어는 부자연스러운 타이밍에 더 자주 등장하게 되고, 그것이 불편한 관계의 시발점으로 이어질 수 있다.

요즘도 나는 중요한 미팅에서, 상대방이 세 번 이상 언급하는 단어에 주목하고 기억을 해 둔다. 그리고 가끔은 내 언어 속에 반복적으로 등장하는 말은 무엇인지도 떠올려 본다.

그 사람에게 당신은 '너'인가 '그것'인가

독일의 사상가 마틴 부버는 자신의 저서 『나와 너』에서 상호관계를 두 가지로 나누어 정의한다. 하나는 '대화'가 가능한 '나와 너'의 관계이고, 하나는 같이 있어도 '독백'만이 가능한 '나와 그것'의 관계이다.

'나와 너'의 관계에서는 기본적으로 '너'는 나와 등가의 존재이다. 나는 '너'의 눈높이를 살피고 그 눈높이에 맞추어 대화를 한다. 나는 '너'와의 대화를 위해 기꺼이 나의 정서를 나누고 시간과 에너지를 할애하며 노력한다. '너'와의 대화는 관계를 형성시키고, 그렇게 형성된 관계는 더 깊은 대화로 둘을 잇는다.

그런가 하면 처음부터 나와 '그것'으로 시작되는 관계가 있다. 철저히 타자화된 '그것'은 지시와 복종의 대상일 뿐 애초부터 대화의 대상이 아니다. '그것'은 사실 수단에 불과하다. '그것'은 내게 돈을 벌어다 주고, 원하는 행위를 시키는 대로 하면 될 뿐 거기에 토를 달아서는 안 된다. '그것'은 철저히 나의 욕구를 충족시키기 위한 대상일 뿐이다. 이런 관계 속에서는 대화는 없다. 비인간적 지시를 통한 착취가 일상화되고 암묵적으로 폭력이 정당화된다.

그 사람에게 나는 '너'인가 '그것'인가. 우리는 그 사람과의 대화 속 눈빛, 그 사람의 목소리, 그 사람 몸의 방향, 그 사람의 몸짓을 통해 온몸으로 그것을 느낀다. '나와 너'의 대화에서는 온기와 풍요로움이, '나와 그것'의 관계에서는 싸늘함과 박탈감이 남을 뿐이다.

대화는 나와 너의 관계 정립으로 시작된다.
그 사람에게 나는 '너'인가 '그것'인가.
내게 그 사람은 '너'인가 '그것'인가.
나는 그 사람과 어떤 관계인가.

내 인생을 불행하게 만드는 거의 확실한 방법

늦은 밤 브래드는 침대에 누워서 SNS에서 화려한 인생을
사는 대학 동창들의 이미지를 눈에 담는다. 나란히 침대
에 누워 있는 아내 옆에서, 브래드는 쉽게 잠 들지 못하고
밤이 늦도록 뒤척인다.

닉은 할리우드에서 감독으로 화려한 삶을 살고 있고,
크레이그는 백악관에서 일한 뒤 베스트셀러 작가로 텔레
비전에도 자주 출연한다. 제이슨은 해지펀드 회사의 대표
로 집이 세 채나 있는 부자이며, 빌리는 마흔에 IT 회사를
매각하고 은퇴해서 여자 친구와 하와이에서 살고 있다.
그런데 브래드는, 아무것도 내세울 게 없다.

영화 『괜찮아요, 미스터 브래드』의 주인공 브래드(벤 스
틸러)는 비영리 단체를 운영하며 사회적으로 의미 있는

일을 하고, 안정적인 직장을 가진 다정한 아내가 있으며, 대학 입학을 앞둔 훈남 아들을 둔 40대 후반의 미국 중산층 가정의 가장이다. 누가 보아도 꽤 괜찮은 삶을 사는데 정작 브래드는 본인의 삶을 '아무것도 내세울 게 없는 삶'으로 치부하며 스스로를 한없이 초라하게 만든다.

그러면서 브래드는 '온 세상이 내 심기를 건드리는 기분'을 느낀다. 잘나가는 친구들이 자기만 외면하지 않을까 하는 불안감, 그들과 비교하면서 느끼는 무력감, 여기에 더해진 우울감 속에서 허우적거린다.

심지어 나란히 누워 잠든 아내를 깨워, 장인 장모의 집값이 얼마나 하는지, 두 분이 돌아가시면 그 유산을 아내가 상속받을 수 있는지를 물으며 아내의 심기를 건드린다. 자존심은 강하나 자존감은 무너져 버린 한 처량한 중년 남자 미스터 브래드의 이야기는 어쩌면 나의 모습이고 우리의 이야기이다.

"괜찮아요, 미스터 브래드"라고 직접 이야기해 주고 싶을 정도로, 충분히 괜찮은 삶을 살고 있는 브래드를 깊은 불행의 늪으로 빠뜨리는 것은 한 가지다. 바로 타인과의 습관적 비교가 그것이다.

"이것으로 충분하다, 지금 만족한다, 스스로 잘 하고 있다"가 아니라, "쟤보다 한참 모자라다, 이것으로는 턱없이 부족하다, 이 상태에 화가 난다"라고 여기며 살아가는 못난 일상.

타인과의 비교 속에서 자신의 위치를 찾는 습관적 비교는 언젠가 반드시 무너질 수밖에 없는 위태로운 자기 존재 확인법이다.

타인과의 습관적 비교는 내 인생을 불행하게 만드는 거의 확실한 방법이다.

누군가는 올림픽 은메달을 따고도 불행하다. 누군가는 올림픽 동메달을 따고도 뛸 듯이 기뻐한다. 은메달을 딴 선수는 금메달을 딴 선수와의 비교를 통해 자신을 동정하고 불행에 빠뜨린다. 반면에 동메달을 딴 선수는 지난 시간 열심히 해온 스스로를 칭찬하고, 이 경험을 바탕으로 앞으로 더 성장할 4년을 위해 스스로 축복하며 행복을 만끽한다. 내 인생에 모든 순간이 금메달로 점철되지 않을 것이라는 것을 우리는 안다. 그렇다면 나는 어떤 마음가짐으로 살아갈 것인가?

결국 이 문제는 '행복을 외부에서 찾는가 내 안에서 찾는가'에 대한 삶의 태도로 귀결된다. 내 주위 행복을 향유하며 일상을 채워가는 사람들이 가진 공통점은 그들은 자신의 삶에 자족감(自足感)을 느끼며 살아간다는 점이다.

이들은 타인과의 비교 속에서 찾는 가짜 만족감을 좇지 않는다. 그저 자기가 가진 행복의 기준을 어떻게 채울 것인가를 고민하면서 성실한 하루를 살아간다. 그렇게 단단한 일상 속에서 느끼는 자족감은 사실 눈에 보이는 비교를 통해 얻을 수 있는 것이 아니다. 내가 어떤 순간에 만족하고, 어떤 상태에서 행복한지에 대해 스스로 질문을 던지며 나에 대한 충분한 이해가 선행될 때 얻을 수 있는 것이다.

반대로 말하면, 우리가 그렇게까지 타인의 인정에 갈증을 느끼면서 습관적 비교 행위를 강요했던 근원적인 이유는, 내가 어떤 상황에 만족스러운지, 나는 어떨 때 스스로를 인정하고 싶은지에 대해 잘 모르기 때문인 경우가 많다. 그 기준이 없기에 눈에 보이는 타인과의 비교를 통해서 가짜 만족감을 얻으려고 하는 것이다. 그렇게 얻은 가짜 만족감은 바닷물을 마신 듯 헛배를 채울 뿐 마시기 전보다 더 목이 타게 만든다.

그런 의미에서 행복은 감성이 아니라 지성의 영역이다.

일시적인 행복은 감성과 감정의 영역일 수 있지만, 매일 행복한 하루를 살아가는 사람들은 내가 행복해지는 순간을 알고, 그렇게 행복할 수 있는 방법을 찾고, 스스로가 행복할 수 있는 환경을 미리 조성해 둔다. 신기루처럼 사라지는 가짜 만족감이 아닌, 내 일상의 시간을 단단한 자족감으로 채우기 위해서, 오늘 하루도 스스로에 대해 고민하고 나를 위해 노력하고 나에게 친절을 베푼다.

대화의 포비아

"지금 그걸 말이라고 해? 생각이 있긴 한 거야?"

"아니 아니, 그거 말고. 좀. 쓰잘데기 없는 소리 집어치우고 그냥 너 할 일이나 해."

"야, 너는 아무런 대책도 없이 그런 말을 지껄이냐? 너만 잘났냐, 누가 지금 그걸 몰라서 그래?"

"너는 왜 이렇게 현실감각이 없어?"

"또 참견이야? 너는 아직도 분위기 파악이 그렇게 안되냐?"

"니가 뭘 몰라도 한참 몰라서 그렇지. 말을 말자 그냥. 나도 그런 말은 할 수 있겠다."

말 한마디 꺼내기 힘든 분위기가 있다. 생각했던 말이 아니면 대화가 그대로 싹둑 잘려나가는 분위기. 원하는 말이 나오지 않으면 말로 폭력이 가해지는 분위기. 그럴 땐 그냥 입을 닫고 만다.

대화가 포비아로 잔뜩 채워진 상태. 이런 장면에서 사실 대화는 없다. 지시와 명령, 억압과 비난만 존재할 뿐이다. 그리고 누군가는 이런 포비아 상태를 설계하고 활용한다.

언젠가 구글에서 일하는 조용민 실장님과 같은 강단에서 선 적이 있다. 각자의 강연을 마치고 함께 강연자 토크에 참석했는데, 그날 조 실장님의 이야기 중 구글의 대화 규칙에 대한 내용이 인상적이었다.

구글에서는 상대방이 이야기할 때 "NO"라는 말이나, "BUT"이라는 말로 되받아치지 않는 것이 철칙이라고 했다. 그 "NO"와 "BUT"이라는 단어가 대화의 포비아를 조성해서, 누군가를 위축시키고, 그렇게 되면 대화 자체가 줄어들고 소통이 단절되기에, 조직 내부적으로 "NO"와 "BUT"을 쓰지 않기로 약속을 했다고 한다. 대신 상대의 이야기에는 "YES"와 "AND"라는 말로 일단 받아 주고, 그다음 자연스럽게 자신의 의견을 이어가는 것이 구글의 대화 규칙이라고 했다.

그 작은 약속이 말 꺼내기 편한 분위기를 조성하고, 대화의 연결고리를 만들고, 조직 전반에 심리적 안정감을 제공할 수 있음을 어렵지 않게 알 수 있었다.

비단 조직에서뿐만 아니라 일상의 대화에서도 이러한 방식을 적용해볼 수 있을 것이다. 조금 더 나은 대화를 함께 나누고 싶은 사람과 일상 속 대화의 약속을 정하는 방법도 괜찮다고 생각된다. 다툴 때는 서로 존대말을 쓴다거나, 부모님과 함께 있을 때 특정 주제는 언급하지 않는다거나, 특정 단어는 금기어로 정하고, 아침 인사는 서로가 듣고 싶은 문장으로 시작한다는 식의 대화의 약속들처럼 말이다.

사실 그 약속을 제안한다는 것만으로도 그 사람과 더 좋은 대화를 나누고 싶은 바람이 드러나게 되고, 대화의 약속을 정하는 과정에서 서로의 언어와 대화 습관을 떠올리게 된다. 그리고 둘 만의 약속이 있다는 점에 비밀스러운 유대감이 생기고, 그 약속을 지키려 노력하는 과정에서 그 사람을 한 번 더 배려하게 될 테니, 잃을 것 없는 실천적 대화 공부법이라 생각된다.

메신저 효과

형사소송법에 '독수독과 이론'이라는 것이 있다. 독수독과(毒樹毒果)의 의미는 독으로 오염된 나무에서 열린 열매는 독으로 오염된 것이 뻔하니 절대로 먹어서는 안 된다는 뜻이다. 형사소송법적으로는 위법한 방식으로 확보된 증거는 그 증거능력을 인정할 수 없음은 물론이고, 이에 수반해 2차로 확보된 증거까지도 증거능력을 배제해야 한다는 의미로 활용된다.

예를 들어 영장없이 압수수색하여 확보한 위법 수집 증거물의 증거능력을 인정할 수 없음을 물론이고, 이를 피의자에게 제시하여 얻어낸 자백까지도 통째로 증거능력을 인정할 수 없다는 것이다. 한 마디로, 몸통이 오염되어 있으면, 그에 파생되는 모든 것들이 통째로 다 오염된 것으로 간주된다는 것이다.

사실 이 독수독과 이론은 대화에 있어서도 절묘하게 적용된다. 아무리 가치 있어 보이는 정보를 전달한다고 해도 그 정보를 전달하는 화자가 오염되었다고 생각한다면, 우리는 그 정보를 읽기도 전에 차단하는 경우가 대부분이다. 이미 그 화자가 독으로 오염된 나무이기에, 그로부터 파생되는 어떠한 대화나 정보도 독으로 오염된 무가치한 것으로 간주한다.

이것이 바로 '메신저 효과(Messenger Effect)'이다. 어떤 메시지를 전달하는지보다, 그 메시지를 전달하는 메신저에 대한 신뢰가 대화 상대를 설득하는데 더 절대적인 영향을 미친다는 것이다.

생각해 보면 상대가 동일한 내용의 제안을 하더라도 내가 신뢰하는 사람이 부탁할 때와 내가 신뢰하지 않는 사람이 부탁할 때 나의 태도는 180도 달라진다. 신뢰하지 않는 메신저가 보낸 메시지는 볼 것도 없이 오염된 메시지로 간주하고 미리 마음속 필터에서 걸러지는 것이다. 반면, 내가 신뢰하는 메신저가 보낸 메시지는 한 번 더 신중하게 고민해 보고, 생각해 보게 된다.

SNS에서도 마찬가지이다. 내가 신뢰하는 메신저가 쓴 글은 일단 '좋아요'를 누르고 글을 읽기 시작한다. 반대로 내게 신뢰가 없는 메신저가 쓴 글은 읽어보지도 않고 그냥 넘긴다.

결국 대화에 있어 '오늘은 어떤 이야기를 할까?'에 대한 메시지에 대한 고민도 필요하지만, 이따금씩 '그 사람에게 나는 신뢰할 수 있는 사람인가?'에 대한 메신저 차원의 고민도 필요하다.

그냥 주어지는 좋은 대화는 없다

가위로 오려버리고 싶은 기분 나쁜 대화의 시작. 사전 연락도 없이 늦게 도착해서, 앉자마자 자기 불만만 이야기하더니, 내가 이야기할 때 핸드폰을 만지작 거리며 듣는 둥 마는 둥 하다가, 그 자리에서 하품을 내리 몇 번을 해대면서 지루하기 짝이 없는 표정을 짓는다.

마음같아선 내 시간도 당신만큼 아까우니, 이 시간 환불해달라고 외치고 나오고 싶지만, 그 감정을 꾹 참고 애써 태연한 척 대화를 마무리하고 사무실로 돌아온다.

그날의 대화를 복기해 보면, 그 사람은 나와의 대화를 위해 단 1퍼센트도 노력하지 않았다는 사실을 어렵지 않게 알 수 있다.

좋은 대화를 위해서는 상당한 에너지가 필요하다. 상대방을 만나기 전에 인사말을 떠올려 보고, 만났을 때 듬뿍 상대를 반기고, 그날 상대의 감정 상태와 컨디션을 파악하고, 상대의 눈을 바라보며 귀를 열고 상대의 말에 진심으로 공감하며 내 감정을 솔직하게 공유하고, 전달할 말을 미리 정리해서 내 언어로 표현하는 이 일련의 행위들은 좋은 대화를 나누기 위한 의지적인 노력이다.

만일 누군가와의 대화가 별 노력도 없이 '그냥' 너무 편안하고 기분 좋게 여겨진다면, 그 순간 그 사람은 내가 눈치채지 못하게 헌신하고 있거나, 오늘을 위해 과거에 그 사람과 내가 쌓아온 노력의 시간들 덕분에 오늘 이 대화가 '그냥' 너무 자연스럽고 흥겹게 느껴지는 것일 테다.

그냥 주어지는 좋은 대화는 없다.
좋은 대화는 노력의 산물이다.

사과다운 사과

한 사람의 상황 인식과 자존감 상태, 세상에 대한 태도가
적나라하게 드러나는 순간이 있다. 잘못된 행동을 하고
나서 사과를 하는 순간이 바로 그 순간이다.

사과를 할 필요성조차 못 느끼는 답답한 장면. 사과를
안 하고 끝까지 버티는 낯뜨거운 장면. 사과를 받을 사람
이 아닌 다른 사람에게 사과하는 이상한 장면. 사과를 하
면서 내가 잘못한 것은 없다고 말하는 한숨 나오는 장면.
사과를 하는데 오히려 피해자를 탓하는 욕 나오는 장면.
사과를 하는데 단서 조건을 덕지덕지 붙이는 비겁한 장
면. 이렇게 제대로 사과하지 못하는 안타까운 장면은 흔
하다. 하지만 사과다운 사과를 하는 장면을 보기는 좀처
럼 힘들다.

조건 없이 담백하게,

사과해야 할 대상에게

정중하고 정확한 언어로,

깊이 머리 숙여 사과하는 모습.

이런 장면을 보기 유독 힘든 이유가 문제에 대한 인식의 부재 때문일 수 있고, 문제 인식은 있으나 잘못을 인정하면 책임져야 하니까 잡아떼는 경우도 있으며, 사과를 하면 지는 것 같아 자존감 부족으로 사과를 못하는 경우도 있다.

누구나 실수할 수 있다.

누구나 잘못할 수 있다.

진실의 순간은 그 다음에 드러난다.

한 사람의 인식과 자존감 상태, 그릇의 크기가 드러나는 순간. 그 순간이 바로 사과의 모습에서 드러난다.

양 손에 글러브를 낀 사람

나는 안다.

양손에 포수 글러브를 끼고 인생을 살면 안 된다는 것을.

무엇인가는 상대에게 다시 던져줄 수 있어야 한다는 것을.

- 마야 안젤루

시인이자 작가, 그리고 배우인 마야 안젤루가 남긴 문장에 인생의 중요한 원칙이 담겨 있다. 받기만 하는 일방적인 관계는 지속되지 않는다. 내가 상대의 공을 받았다면, 상대도 받기 좋게 그 공을 던져줄 수 있어야 한다. 그래야 다시 내게 공이 돌아온다. 이 단순한 이치가 관계와 대화에 있어 무척 중요하다.

만일 내게 조금 더 여유가 있다면 내가 먼저 상대에게 공을 던져주고, 상대방이 공을 다시 던질 때까지 잠자코 기다려줄 수도 있을 것이다. 그렇게 주거니 받거니가 지속되면 관계가 만들어지고, 그 속에서 상대에 대한 고마움이 싹트고, 호감이 생기고 신뢰가 쌓인다.

우리가 매력적이라고 여기는 사람들을 떠올려 보자. 그들의 한 가지 공통점은, 그들은 상대가 필요로 하는 것을 먼저 건넬 수 있는 열린 마음과 그것을 줄 수 있는 여유를 가지고 있다.

그것은 자신의 경험에서 우러나오는 진심어린 조언일 수도 있고, 상대가 필요로 하는 지인을 연결해주는 호의일 수도 있다. 그들은 이렇게 자신이 도움이 될 수 있다는 것에 대해 즐거움을 느끼고, 자신이 먼저 베풀 수 있음에 고마워하기까지 한다. 아무것도 줄 수 없는데, 받기만 기다리는 사람에게 사람들은 매력을 느끼지 못하고 먼저 다가가지 않는다.

적어도 호의를 받았으면 잊지 않고 돌려주며 고마움을
표현할 수 있는 태도가 늘 함께 하길, 그리고 가능하다면
내가 먼저 호의를 건네고 상대를 기다려 줄 수 있는 여유
를 지닌 삶이길 바라본다.

4

당신과 대화할 수 있어서,
참 다행이다

대화의 케미

몇 해 전 〈효리네 민박〉이라는 프로그램이 큰 인기를 끌었다. 이효리는 그동안 제주도에서 살고 있는 모습을 간간히 블로그를 통해 공개했지만, 이효리 이상순 커플이 어떻게 살아가는지 사실 나도 궁금했다.

첫 회를 보는데 무엇보다 이 부부의 대화가 참 편안하게 느껴졌다. 이효리가 대화의 흐름을 주도하며 맛깔나는 입담으로 이야기를 이끌어가면, 이상순은 '허허' 웃으며 귀담아듣다가, 느긋하고 나지막하고 목소리로 나름의 유머를 섞어 툭 받아친다. 그러면, 이효리는 이상순의 그 한두 마디에 까르르 웃으며 반응하고, 둘은 꼬리에 꼬리를 물며 대화를 이어간다.

타고난 이야기꾼인 이효리가 날카로운 직구와 커브, 체

인지업, 슬라이더 등의 낙차 큰 변화구를 자유자재로 던지는 뛰어난 투수라면, 이야기를 잘 들어주는 이상순은 넉넉한 품으로 이효리가 던지는 어떤 공도 안정감 있게 받아내는 믿음직한 포수였다.

에너지 넘치는 젊은 아티스트들이 제주도라는 낯선 곳에서 조용히 둘만의 삶을 꾸려갈 수 있었던 이유는 '대화의 케미가 저렇게 좋아서 가능했겠구나' 하는 생각이 들었다.

첫 회에 둘이 민박 운영 노하우와 정보를 얻기 위해 협재리에 위치한 민박집으로 향하는 장면이 나온다.

이상순: 너, 말 좀 하지 말고 쉬어. 에너지 좀 보충하라고.

이효리: 오빠랑 둘이 얘기할 시간이 없잖아, 이제. 오빠랑 얘기하는 게 세상에서 제일 재밌는데.

(둘 다 웃음)

이효리: 오빠랑 말하고 싶어서 결혼한 것 같은데. 다른 건 모르겠고.

이상순: 흐흐흐.

한적한 제주도 길을 드라이브하며 둘이 차 안에서 티격태격하며 나누는 일상의 소소한 대화일 뿐인데 보는 사람에게는 제법 긴 여운이 남는 장면이었다.

그런 사람

결혼식을 한 달 앞두고 어머니는 암 진단을 받으셨다. 평
소 누구보다 건강했던 어머니였기에 가족 모두가 많이 당
황했다. 충격이 컸을 어머니는 그 와중에 주치의 선생님
께 가능하면 수술을 아들 결혼식 이후에 진행하고 싶다는
뜻을 전했다. 주치의 선생님은 고민 끝에 어머니의 뜻대로
수술 일정을 조정해 주었다.

그렇게 어머니는 힘든 몸으로 아들 결혼식을 치르셨다.
결혼식 사진 속 어머니는 고운 한복을 입고 웃고 계셨지
만, 몸과 마음이 지치고 힘들었을 어머니를 생각하면 아
직도 가슴 한 켠이 저민다.

어머니 수술 당일에 가족들 모두 어머니가 입원 중인 병
실로 갔다. 아침 일찍 첫 수술이었는데 어머니의 오랜 친

구인 점자 아주머니가 먼저 병실에 와 계셨다. 점자 아주
머니의 손을 꼭 잡은 어머니의 얼굴은 편안해 보였고, 그
렇게 어머니는 인생의 가장 큰 수술을 겪어 내셨다. 그 후
수년 동안 항암 치료까지 잘 견뎌 내셨고, 이제는 완치 판
정을 받고 수술 전의 건강한 모습을 완전히 회복하셨다.

몇 해 전 여름, 어머니가 14년 동안 키운 반려견 구름이
가 잠을 자다가 조용히 세상을 떠났다. 자식들이 다 커서
서울로 가고, 아버지는 정년퇴직 후 다시 일자리를 구해
강릉으로 가신 후, 홀로 남은 어머니 곁에서 허전함을 채
워준 구름이었다. 구름이를 잃은 어머니의 상심이 많이 염
려되었다.

"엄마, 한동안 강릉에 가 계시는 게 어때요?"
"그래, 아들. 너희 아빠도 강릉에 당분간 와 있으라고
하는데, 구름이가 찾아와서 엄마 없다고 실망할까 봐 못
가겠어."

어머니는 아직 구름이를 보내지 못하고 있었다.

"그래도 점자가 매일 저녁에 집으로 건너와서 같이 자 준다. 내가 적적하고 힘들까 봐 일주일 동안은 우리집에 와서 잔다고 하네. 얼마나 든든하고 힘이 되는지 몰라."

그러고 보니 점자 아주머니는 어머니가 힘든 시간을 보 낼 때마다 어머니에게 가장 먼저 달려와 주신 분이었다. 어머니가 암 수술을 받을 때도, 가족 상을 당했을 때도, 구름이가 하늘나라에 갔을 때도 어머니 곁에는 늘 점자 아주머니가 있었다.

"엄마, 점자 아주머니 매번 너무 고맙네. 엄마도 진짜 아주머니한테 잘해 줘요. 그런 사람 없어요. 인생에 그런 친구가 있다는 건 정말 엄청난 일인 것 같아요."
"그래, 알지. 잘 알지. 근데 내가 매번 이렇게 도움을 받 기만 하네."

그러면서 어머니는 몇 해 전 암 수술을 받았을 때 이야 기를 하셨다. 그때 나와 아내는 어머니가 무사히 수술을 받고 나오는 것을 확인하고 다음날 신혼여행을 떠났다.

수술 후 2주 정도의 입원 기간 동안 아버지와 여동생이 번 갈아 가며 병실을 지켰는데, 하루는 비가 무척 많이 오던 늦은 밤, 점자 아주머니가 가을비를 흠뻑 맞은 채 병실로 찾아왔다고 했다.

그날 아주머니는 밤늦게 일을 마치고 집으로 향하다가, 갑자기 친구가 보고 싶어 발길을 돌려 어머니 병실로 오 다가 쏟아지는 폭우를 다 맞고 오셨던 모양이다. 병상에 누워 있는 엄마를 보자마자, 점자 아주머니는 이렇게 말 하며 펑펑 울었다고 했다.

"집에 들어가는 길에 붕어빵을 보니 임이 너가 너무 보 고 싶어서 달려왔어. 네가 옛날 창원 있을 때부터 붕어빵 얼마나 좋아했니. 살아 있어줘서 너무 고맙다 임아. 네가 살아 있어줘서 너무 고마워."

어머니도 점자 아주머니를 끌어안고 한참을 울었고, 병 실에서 수술을 받고 회복 중이던 다른 아주머니도 그 광 경을 보고 눈물을 훔쳤다고 했다. 그러면서 점자 아주머 니가 손에 들고 있던 검은 봉지를 꺼내는데, 그 봉지 안에는 어머니가 좋아하는 붕어빵이 김을 모락모락 내며 담겨 있었다고 한다.

어머니는 그 이야기를 하면서 금세 눈시울을 붉혔다. 그러면서 당시 병상에 누워 별별 생각이 다 들었다고 한다.

'아직 젊은데 앞으로 어떻게 살아야 하나?'
'몸이 축축 처지는데, 재발없이 잘 견딜 수 있을까?'

이런 생각에 잠을 자지 못하고 뒤척이고 있는데, 점자 아주머니가 빗속을 뚫고 와 건넨 이 말에 눈물이 터졌다고 했다.

"네가 살아 있어줘서 너무 고마워."

그 한마디가 병상에 있던 어머니에게 얼마나 큰 힘이 되었을까.

지금도 어머니와 점자 아주머니는 티격태격하며 말다툼을 하고, 서로 삐치고, 한동안 연락을 안 하기도 한다. 그래도 나는 안다. 어머니 인생의 결정적인 순간에 가장 먼저 달려올 사람은 점자 아주머니이고, 점자 아주머니 인생의 결정적인 순간에는 어머니가 누구보다 먼저 달려가리라는 것을.

왜 그런 사람이 있지 않은가. 평소에 잘 연락을 하지 않아도, 결정적일 때 가장 먼저 떠오르는 사람. 어머니에게 점자 아주머니는 그런 사람이다.

밤낚시

중학생 시절, 시험 기간이 끝나면 아버지와 나는 종종 낚시를 하러 갔다. 하동과 진주 사이에 위치한 이름 모를 작은 천이 있었는데, 뚝방길을 따라 한참 들어가면 냇가가 넓게 펼쳐져 있고 가장자리에는 수풀이 우거져 밤낚시하기 딱 좋은 우리만의 낚시터가 있었다.

해질 무렵에 도착한 우리는 그 시절 우리 가족의 차였던 프라이드 트렁크에 실린 짐을 하나씩 꺼냈다. 낚시 가방, 낚시 의자, 손전등, 버너와 어머니가 싸준 음식 봉지를 차례로 꺼낸 다음, 아버지가 낚시대를 정리해서 지렁이 미끼를 꿰는 동안 나는 버너에 물을 올리고 라면을 끓일 준비를 했다.

어머니가 싸준 검은 봉지 속에는 군고구마, 삶은 계란, 묵은 김치가 담겨 있었고, 아버지가 낚시대를 냇가에 던져

두고 오면 부자는 뜨거운 라면을 후후 불어가며 삶은 계란과 묵은 김치를 곁들여 한 냄비를 뚝딱 해치웠다.

세상 제일 맛있는 라면을 먹는 동안 아버지는 아들에게, 지렁이는 어떻게 꿰어야 되고, 붕어의 입질과 메기의 입질은 느낌이 어떻게 다른지, 민물 낚시와 바다 낚시는 어떤 점을 주의해야 하는지, 떡밥은 언제 어떻게 던져야 하는지를 하나씩 설명해 주었다. 아들은 듣는 둥 마는 둥 하며 중간중간 낚시대를 바라보았다.

해질녘 냇가에 부서지는 햇살. 조용하지만 빠르게 흐르는 물소리. 수풀 사이에서 우는 풀벌레소리. 건너편 산에서 들려오는 뻐꾸기 소리. 이따금씩 수면 위로 솟아오르는 메기 소리.

우리를 감싸는 자연의 소리를 들으며 냇가에 반쯤 잠겨 빛을 뿜어 내는 낚시찌의 미세한 움직임을 조용히 응시하는 동안, 시험을 치르느라 다소 불안하고 긴장되었던 어린 아들은 저절로 마음이 편안해졌다.

그렇게 종종 밤낚시를 다니며 아버지와 단둘이 보낸 그

시절 그 장면은 지금도 문득 생각이 난다. 사실 당시 아버지와 무슨 대화를 나누었는지 자세히 기억나지 않는다. 다만 아버지와 함께 밤낚시를 했던 그 시간 그 장소에서의 정서가 마치 아버지와 속 깊은 대화를 나눈 것처럼 내 가슴 한 켠에 머물러 있다.

그건 너의 잘못이 아니야

영화 〈굿 윌 헌팅〉의 주인공 윌은 천재적인 두뇌를 가졌지만 커다란 적개심을 가지고 세상을 대한다. 폭행, 상해, 절도, 체포 불응의 혐의를 받다가 급기야 공무집행방해까지 저지르게 되는데, 재판을 받고 감옥에 복역 중인 윌의 천재성을 우연히 발견하게 된 유명 수학자 제랄드 램보 교수의 눈에 띄게 된다.

램보 교수는 판사를 설득하여 윌이 자신의 지도 아래에서 수학을 연구하고 주기적으로 심리 치료를 받으며 그 결과를 보고하는 조건으로 석방시킨다. 그렇게 윌은 램보 교수의 대학 동기이자 심리학 교수인 숀을 매주 만나 이야기 나누게 되고, 영화 〈굿 윌 헌팅〉은 이 두 사람의 대화로 채워진다.

윌과 숀은 매주 목요일 오후 4시에 만나 대화를 나눈

다. 애초에 어쩔 수 없이 받아야 하는 심리 상담이라 생각하는 월과 친구의 부탁을 받고 바쁜 시간을 쪼개 상담에 임하는 숀의 대화가 순탄할 리 없다.

월과 숀의 위태로운 대화는 서로가 가진 아픔을 후벼 파는 대화로 이어지지만, 월은 조금씩 숀에게 마음의 문을 연다. 그렇게 이어진 대화 끝에 월은 수차례 입양과 학대로 인한 강제 파양, 그 과정에서 양부모로부터 받은 폭력과 학대에 대한 기억을 이야기하게 된다.

"혹시 선생님도 이런 경험 있으세요?"

월이 처음으로 숀에게 그날의 기억에 대해서 언급했다. 그리고 숀은 알코올 중독자였던 아버지로부터 엄마와 동생을 보호하기 위해 대신 매맞은 기억을 담담하게 이야기한다. 그러자 월은 수십 년간 아무에게도 드러내지 않았던 자신의 찢긴 상처를 숀에게 생생하게 묘사하기 시작한다.

월: 그 남자는 늘 탁자에 몽둥이와 허리띠와 렌치(쇠로 된 공구)를 늘어놓고, 나한테 그 중 하나를 선택하라고 했

어요.

  손: 나 같으면 허리띠를 선택하겠다.

  윌: 아니요, 저는 주로 렌치를 선택했어요.

  손: 왜?

  윌: 죽을 때까지 패 보라는 심정이었죠.

  손: 양아버지였니?

  윌: 네. 판사한테 제출할 서류의 결과는 어때요? 애정
결핍 같은 건가요? 버림받을까 봐 두려워하는 뭐 그런 상
태? 그래서 여자친구 스카일라와 헤어진 걸까요?

  손: 헤어진 건 몰랐네.

  윌: 헤어졌어요.

  손: 이야기하고 싶니?

  윌: 아니요.

  손: 나도 아는 게 많진 않지만, 이런 서류는 쓰레기일 뿐
이다. 그건 너의 잘못이 아니란다.

  윌: 네. 알아요.

  손: 내 눈을 쳐다 봐. 그건 너의 잘못이 아니야.

  그렇게 손은 간절히, "그건 너의 잘못이 아니야"라는

말을 수차례에 걸쳐 반복하며 말한다.

월의 찢기고 갈라진 상처 사이로, 숀의 "그건 너의 잘못이 아니야"가 스며드는 사이 월은 뜨거운 눈물을 흘리기 시작한다. 그 순간 둘은 한참을 부둥켜안고 흐느낀다.

그리고 숀은 다시 월에게 이야기한다.

그건 너의 잘못이 아니야.
다 잊어버리자.

때로 우리는 스스로 감당할 수 없는 상황에 처해 상처입고 쓰러진 누군가를 발견하곤 한다. 그는 가까운 내 친구일 수도 있고, 내가 깊이 알지 못하는 지인일 수 있으며, 어쩌면 나 자신일 수도 있다.

그럴 때 애써 그 상황을 설명하기 위해 기억하고 싶지 않은 상황의 퍼즐을 다시 늘어놓고 끼워 맞추기를 하며 어설픈 해결책을 제시하거나, 누군가 탓할 사람을 색출하여 분노를 몰아가는 식의 작위적인 행동은 진정으로 상대를 위한 행동은 아닐지 모른다. 어쩌면 그 행동은 그의 슬픔을 위로하는 척하며 자신의 우월감을 확인하려는 자의 이기적인 몸짓일지 모른다.

　그럴 때 먼저 상처 입고 쓰러져 있는 그를 일으켜 세운 다음, 마음 깊은 위로와 진심 어린 응원의 마음을 담아, "괜찮아. 그건 너의 잘못이 아니야"라는 말을 건네며 흐느끼는 그에게 내 어깨를 기꺼이 내어 주는 것, 그것이 무너진 자신을 부여잡고 자책하는 그를 위해, 내가 할 수 있는 최선의 배려 아닌가 생각된다.

성의를 담은 말

늘 성의를 담은 말을 건네는 동생이 있다.

카카오톡 메신저 프로필 사진을 변경하면, 어떻게 그걸 알아보고 '형, 카톡 프로필 사진 너무 좋네요' 하고 가장 먼저 반가운 인사를 건네는 동생이 있다.

밤늦게까지 이야기를 나누며 같이 들었던 음악을 기억하고 그 음악을 들으니 형 생각이 난다고 연락을 하는 동생이 있다.

성수동에서 같이 읽은 책을 기억해 두고 4년 뒤 어느 날, "그 겨울에 형이랑 그 책을 읽고 벌교 꼬막에 지평 막걸리를 마신 날이 너무 좋았다"고 이야기하는 동생이 있다.

찬 바람만 불면 목이 붓기 시작하는 형이 걱정된다며 기관지에 좋다는 지리산 명인이 만들었다는 도라지차를 겨울마다 보내주는 동생이 있다.

잠시 또는 필요에 따라 나를 인정하고 치켜세우는 것이 아니라, 내가 어떤 상황에 처해 있든 상관없이 내 존재를 고맙게 여기고 마음속 깊이 나를 인정하고 좋아하는, 그래서 그 마음을 일부러 드러내지 않아도 모자람이 없이 느껴지는 그런 동생이다.

마음 씀씀이가 고마운 동생의 말과 행동에는 항상 성의가 담겨 있다. '성의가 있다'는 말의 성의(誠意)가 가진 어원을 살펴보니, '성(誠)'은 정성, 진실이라는 뜻이고, '의(意)'는 뜻, 의미, 생각이라는 뜻이다. 즉, '정성스럽고 진실된 뜻'이 성의인 것이다.

신기하게도 작은 행동에도 성의가 담겨 있는지 성의 없이 건성으로 하는지 상대방은 금세 느낄 수 있다. 겉으로 드러나는 행동에 담긴 속마음은 내가 생각하는 것보다 쉽게 드러난다. 그리고 행동과 마음이 일치되지 않는다는 것을 알아차릴 때 상대방은 섭섭한 마음과 함께 일종의 겉과 속이 다른 행동에 대한 실망감과 배신감을 느끼기도 한다.

한 사람에게 성의를 담아 행동하지 못하는 사람은 다른

사람에게도 마찬가지로 행동할 가능성이 크다. 그리고 그런 태도가 모든 관계에 반복되어 매사를 건성으로 대할 때, 자신을 둘러싼 삶의 모든 관계는 겉과 속이 다른 관계로 점철된다.

반대로 한 사람에게 성의를 담아 행동하는 사람은 다른 사람에게도 마음을 담아 행동할 가능성이 크다. 그렇게 작은 행동에도 성의를 담아 대하는 관계로 일상을 채워나갈 때, 삶의 대부분의 관계가 겉 행동만으로도 속마음이 충분히 전해지는 신뢰의 관계로 이어지게 된다.

내게 성의를 담아 행동하는 동생이 다른 이들에게도 성의를 다해 행동할 것이라는 나만의 가설에 대해 나는 수년 간 동생을 둘러싼 가장 가까운 사람들과 함께한 시간 속에서 이를 충분히 검증을 해볼 수 있었다.

동생의 친형과 형수가 동생을 대하는 태도에서, 동생의 가장 친한 친구와 둘이서 연말에 소주잔을 기울이며 동생 이야기를 할 때 동생의 절친이 동생을 두고 전하는 마음에서, 나를 통해서 동생을 만난 이들이 한참 후에 문득 동생의 한결같은 됨됨이에 대해서 칭찬하는 말 속에서, 나는 동생이 나뿐만 아니라 자신 주위에 있는 많은 소중한 이들에게도 성의를 다해 행동하며, 그렇게 신뢰의 연결고리 속에서 삶의 시간을 채워간다는 사실을 알 수 있었다.

한 사람을 감동시킬 수 있는 사람은 다른 사람도 감동시킬 수 있다. 한 사람에게 성의를 다해 행동하는 사람은 다른 사람에게도 마음을 담아 대한다. 결국 내 인생에 소중한 한 사람에게 내가 어떤 태도로 어떻게 행동하고 어떤 말을 건네는지가 나의 다른 인간관계에도 깊은 영향을 미친다.

나는 내 사람들에게 성의를 다하고 있는가. 나는 내 사람들에게 겉 행동뿐만 아니라 속마음까지 담아 이야기하고 있는가. 내 사람들은 나의 말과 행동에서 무엇을 보고 어떻게 느끼고 있는가. 찬 바람이 부는 늦은 가을, 한해 동안 고마웠던 동생 대윤이를 기억하며, 나의 행동과 나를 둘러싼 관계에 대해 반추해 본다.

숙성의 시간

결혼하고 나서 비로소 알게 된 사실이 있다. 우리 집에서의 '맛있다'와 아내 집에서의 '맛있다'가 다른 의미로 쓰인다는 점이다.

서울에서 공부하는 아들이 가끔 집에 내려가면 어머니는 이틀 전부터 꼬리곰탕이며, 돼지고기 두루치기며, 꽈리고추 무침이며 아들이 좋아하는 것을 잔뜩 준비해 두셨다. 나는 내려온 그날부터 서울로 올라가는 날까지 '엄마 밥'을 원 없이 먹을 수 있었다. 당신이 만든 음식을 아들이 맛있게 먹는 모습을 옆에서 보는 것이 어머니의 가장 큰 행복임을 아는 나는 최대한 '맛있다'라는 표현을 많이 하며 밥을 먹지만, 어머니에게 단순히 '맛있다'라는 말은 성에 차지 않았다.

무뚝뚝한 경상도 남자인 내게 '맛있다'는 말은 정말 맛있을 때만 나오는 표현인데, 어머니를 만족시키기엔 턱없이 부족한 리액션이었던 것이다. 그럴 때면 어머니는 실망한 기색을 내비치며 "별로 맛이 없나 보네…"라고 말끝을 흐리셨다. 아차 싶은 나는 다시 어머니께 말했다.

"엄마 거짓말 아니고 진짜진짜 맛있어. 내가 요 근래 먹어본 것 중에 최고야. 이상하게 서울에서는 이런 밥을 찾아볼 수 가 없어. 솔직히 말해 엄마 밥 먹으러 내려왔지, 내가 여기까지 왜 내려왔겠어. 너~무 맛있어. 엄마."

그제서야 어머니는 비로소 마음에 흡족한 표정으로 말하고, 다시 부엌으로 들어간다.

"진짜? 그렇게 맛있나? 어떤 게 특히 맛있어? 시금치 나물하고 꽈리고추 조금 더 갖다 줄까? 얼마 전에 〈아침마당〉 보니까 시금치가 몸에 그리 좋다 하대. 고기보다 단백질이 더 많다 하더라."

어머니에게 '맛있다'는 '맛있다'가 아니다. 어머니에게 '맛있다'는 '그저 그렇다'라는 표현이고, '진짜 너무 너무 맛있다. 올해 먹어본 음식 중에 최고로 맛있다' 정도의 수위로 이야기를 해야 비로소 '맛있다'라는 의미가 당신에게 흡족히 전달되는 것이다.

결혼 후 선율이가 태어나고 선율이 100일 때까지 장모님과 함께 지냈다. 퇴근을 하고 집으로 오면 장모님은 손수 준비하신 저녁상을 내어 오셨는데, 장모님의 음식은 간을 거의 하지 않고 재료 그대로의 맛을 살려서 은근하고도 깊은 맛이 있었다. 하루 종일 갓난 아이를 보느라 지치셨을 어머님께 죄송스럽기도 했고, 또 실제로 음식이 맛있기도 해서 밥을 먹고 나서는 꼭 맛있다고 이야기했다.

"어머님, 반찬이 하나같이 너무 맛있어요. 이런 게 진짜 집밥인데, 서울에 둘이 살면서는 이런 밥을 못 먹어서 너무 그리웠어요. 국물도 시원하고 너무 좋아요."

그때마다 어머니는 사위의 그 '맛있다'는 표현에 감동

을 하시며, 기뻐하셨다.

　"선율 아빠는 어떻게 그렇게 '맛있다'는 표현을 잘하나
몰라. 음식하는 사람은 너무 고맙지. 우리집 사람들은 표
현이 없어. 나도 그렇지만 우리집 사람들이 다 그래."

　그해 수개월을 장모님과 함께 보내며 나는 아내의 언어
를 더 잘 이해할 수 있게 되었다.
　우리집 사람들은 대체로 표현이 선명하고 강하다. 음식
으로 비유하자면 '매운맛'이다. 좋을 때도 '진짜 너무너
무 좋다.'라고 이야기하고, 싫을 때는 '정말 보기 싫을 정
도로 싫다.'라고 노골적으로 이야기한다.

　그에 반해 아내와 장인 장모님은 말이 은근하다. 음식
으로 비유하자면 '순한 맛'이다. 직설적인 화법보다는 에
둘러 이야기하는 편을 좋아한다. 어떤 방식이 옳고 틀리
고는 없다. 더 나은 것도 없다. 다만 두 집의 언어가 다를
뿐이다.
　아내와의 연애 초기 이런 아내의 화법이 답답하게 느껴

졌었다. 나는 그녀에게 "제발 싫으면 싫고 좋으면 좋다"
고 더 명확하게 표현을 해달라고 반복적으로 이야기를 했
고, 아마 이 문제로 그녀와 수차례 다퉜던 것 같다.

  그런데 시간이 지나고 되돌아보니 당시 아내는 자신만
의 방식으로 충분히 본인의 의사를 표현하고 있었다. 다
만 내가 아내의 언어를 제대로 이해하지 못한 채, 답답하
다는 핀잔을 주며 내 언어의 습관과 표현방식을 강요해
왔던 것이다.

  갑자기 굴 안으로 들어가면 아무것도 보이지 않는다.
낯설고 어두운 굴 내부가 무섭기도 하고 내가 어디까지
갈 수 있는지 몰라 엉거주춤한 자세로 한참을 더듬거리게
된다. 그러다 돌부리에 걸려 넘어져 상처를 입기도 한다.
  하지만 그 굴을 여러 번 들어가면 내가 어디까지 갈 수
있고, 건드리면 안 되는 지점은 어디인지, 머리를 낮춰야
하는 지점은 어디인지를 알게 된다. 그렇게 수차례 반복
하다 보면 굴 안이 달 빛에 비춘 듯 훤하게 밝아지는 느낌
을 받게 된다. 그제서야 부딪히지 않고 편안하게 굴 안을

거닐 수 있게 되는 것이다.

누군가의 언어를 이해하는 일도 이와 같다. 처음 마주
하는 대화의 굴을 겁 없이 직진하면 숨겨진 돌부리에 부딪
혀 머리가 깨지고 방향을 잃고 헤매기 마련이다. 이럴 때
우리는 컴컴한 굴을 처음 들어갈 때의 마음으로 시간을
두고 서로의 언어를 알아갈 필요가 있다.

그 사람의 언어에 묻어나는 미묘한 뉘앙스를 이해하는
시간,
그 사람의 말이 내 귀에 거슬림없이 익숙해지는 시간,
그 사람과 내 언어의 차이를 알고 이를 인정하는 시간,
그 사람과의 대화에 역린(逆鱗)이 무엇인지 파악하는
시간.

좋은 대화를 위해서는 숙성의 시간이 필요하다. 그 숙
성의 시간을 거쳐야 비로소 설익은 느낌 없이 깊은 교감
을 나눌 수 있다.

각자의 언어로 마음껏 표현해도 오해나 왜곡없이 서로
가 뜻하는 바를 자연스럽게 주고받을 수 있는 성숙한 대
화. 서로가 조심해야 하는 선을 지키면서도 솔직하고 자
유로울 수 있는 대화. 이런 대화에서 풍겨져 나오는 풍미
는 깊고 진하다. 그리고 그런 대화는 오래된 레드 와인처
럼 충분한 숙성의 시간이 필요하다.

동생의 결혼식 축사

하나뿐인 동생의 결혼식에 건넨 축사.

결혼식 전날 동생과 함께한 지난 30년을 떠올리며 쓰고 지우고를 반복했던 글.

신부 아은이 오빠 류재언입니다. 아은이의 오빠로서 그리고 은재 씨의 절친한 친구로서 이 결혼을 축복하는 마음을 담아 간단한 편지를 전하고자 이 자리에 섰습니다.

제 인생의 첫 기억은 네 살 때입니다. 그 당시 우리 가족은 창원에 살았고 저녁을 먹고 아버지와 삼촌이 식탁에 앉아 사전을 뒤지며 고민을 했던 장면이 또렷하게 기억납니다. 당시에는 두 어른이 무엇을 하고 있었는지 몰랐지만, 돌이켜보니 갓 태어난 제 동생의 이름을 짓고 있었던 장면이었습니다. 그렇게 '류아은'이라는 이름의 동생이 생겼습니다.

사실 어릴 때 아은이는 무척 예뻤습니다. 조그맣고 새까만 얼굴에 눈이 댕글해서 이모들과 삼촌들의 사랑을 독차지했습니다. 물론 지금도 예쁘지만 그때가 조금 더 예뻤던 것 같습니다.

초, 중, 고등학교 학창 시절을 부모님과 경남 진주에서 보내고, 저는 서울로, 아은이는 대구로 대학을 진학했습니다. 그렇게 제가 조금 먼저 서울에서 자리를 잡았고, 아은이는 대학생활을 마친 후 서울로 올라와서 망원동에서 작은 까페를 시작했습니다.

대학을 갓 졸업한 20대 중반 젊은이의 첫 사업이 그리 순탄할 리 없었습니다. 커피와 와인을 함께 팔았던 그 작은 공간에서 매일같이 별의별 일이 다 일어났습니다. 욕쟁이 할머니가 나타나 매주 영업을 방해하며 쌍욕을 해대고, 옆집 사장은 주차공간을 빌미로 따지고 들고, 건물주는 임대료 인상을 요구하며 아은이를 쪼아댔습니다.

오빠라는 짐이 참 무겁게 느껴졌던 시기였습니다. 떨어

져 살 때는 오히려 마음 편했는데 서울에 올라와 혼자 자영업을 시작한 동생에게 일어나는 기묘한 일들을 눈앞에서 보니 온갖 신경이 다 쓰이더라고요. 그 당시 일주일에도 몇 번씩 망원동 까페를 오갔던 것 같습니다.

그 무렵 까페에 유독 커피를 자주 마시러 오던 한 남자가 있었습니다. 까페 구석 자리에 앉아 아예 노트북을 가져와서 떠날 생각없이 하루종일 시간을 보내던 그 남자는 작곡을 하는 사람이라고 했습니다. 그리고 아은이는 자의반 타의반으로 그 사람과 함께하는 시간이 점점 많아졌습니다.

그 남자가 까페에 자리를 잡기 시작하면서 망원동 까페에는 다소 이상한 일들이 일어나기 시작했습니다. 욕쟁이 할머니가 급속도로 공손해지고, 옆집 사장은 먼저 자기 차를 다른 장소에 주차하는가 하면, 욕심에 찬 건물주의 등장이 뜸해지기 시작했습니다.

당차고 멋졌지만 마음 한 켠 불안하고 외로웠던 아은이의 마음속에 그렇게 은재 씨의 존재감이 점차 커져갔던 것 같습니다.

그렇게 둘은 커플이 되었고 이후 아은이는 플로리스트

로, 은재 씨는 작곡가이자 프로듀서로서 자신의 분야에서 무섭게 성장하며 지금 이 자리에 이렇게 멋진 모습으로 두 손을 꼭 잡고 함께 서 있습니다.

연애 11년 끝에 결혼에 골인하여 선율이, 선웅이, 이도의 아빠가 된 결혼 선배로서, 축복받고 있는 소중한 두 사람에게 한 가지 조언을 드리고 싶습니다.

100점짜리 사람은 없습니다. 저도 제 아내도, 그리고 여러분도 우리는 모두 70점짜리 사람들입니다. 문제는 '상대방의 장점 70퍼센트를 보며 살아갈 것인가, 상대방의 단점 30퍼센트를 보며 살아갈 것인가'가 관계의 질을 결정짓는다고 생각합니다.

주위에 잘 살아가는 부부는 서로의 70퍼센트를 바라보고 상대방의 30퍼센트를 감싸고 채우며 살아갑니다. 문제가 생기고 불행한 부부들은 상대방의 단점 30퍼센트에 집착하고 상대방이 가진 장점 70퍼센트를 무시해버립니다. 그렇게 서로를 단점만 가득한 사람으로 규정한 채, 서로 상처받으며 살아갑니다.

5년 넘게 봐 온 은재 씨는 장점이 무척 많은 사람입니다. 은재 씨는 열린 마음을 가진 유연한 전문가입니다. 은재 씨는 상대방을 편안하게 만드는 좋은 대화 상대입니다. 은재 씨는 문제 해결 능력이 좋고 책임감이 아주 강합니다. 은재 씨는 훌륭한 요리사이고 뭐든 아주 맛있게 잘 먹습니다. 은재 씨는 아이들과 동물을 아주 좋아합니다. 은재 씨는 적을 만들지 않는 사람입니다. 은재 씨는 정말로 좋은 사람입니다.

30년 넘게 봐 온 아은이는 보석 같은 아이입니다. 아은이는 내가 아는 최고의 플로리스트이고 미적 감각이 뛰어납니다. 아은이는 쫄지 않고 당당하게 맞부딪칠 줄 아는 힘이 있습니다. 아은이는 모두에게 싹싹하고 야무집니다. 아은이는 실행력이 좋고 부지런합니다. 아은이는 주위 사람들을 살피고 항상 사람들을 잘 챙깁니다. 아은이는 고마워할 줄 알고 상대에게 감사한 마음을 표현하고 베풀 줄 압니다. 아은이는 선하고 강한 사람입니다.

이토록 멋진 두 사람이 앞으로 수십 년을 함께할 긴 여정이 오늘 시작됩니다.

결혼생활의 대부분은 행복한 시간일 테지만, 결혼생활이 매번 즐거움으로 가득할 리는 없습니다. 서로 화도 내고 서운하기도 하고 생각치 못한 힘든 일도 생기고, 분명 그럴 겁니다.

다만 그 시간들을 겪더라도, 서로가 서로의 보석 같은 장점들을 바라보려고 노력하며, 또 각자의 단점들을 서로 보듬어가며, 두 손 꼭 잡고 걸어가길 진심으로 바랍니다.

여러분, 두 사람이 함께 걸어가는 길에 축복과 사랑이 늘 함께하길 바라는 마음으로 크게 박수를 쳐 주시고, 저의 다소 길었던 축하 편지도 이렇게 마무리짓겠습니다.

여러분 모두 다 행복한 한 해 되세요.

아은이와 은재 씨를 축복하며.

아은이 오빠, 류재언 드림.

어른의 대화법

장면 하나.

"아빠는 밑에 내려가서 웅이랑 자. 나는 엄마랑 둘이 잘
거야."

선율이가 말을 시작하던 그 무렵부터 아빠는 언제나 2순
위였다. 서운한 마음이 들기도 여러 번, 딸의 환심을 사려고
한 달에도 여러 번 퇴근길 선물 공세를 펼쳤지만, 선물의 효
과는 그때뿐, 그녀의 마음속에 엄마의 존재를 대체하기엔
역부족이었다.

그렇게 직설적이고 도도한 화법의 소유자였던 선율이
가 여덟 살이 되던 어느 날이었다.

그날 아내와 나는 늦게 일을 마치고 함께 현관으로 들

어서는데, 둘째 선웅이와 셋째 이도가 그날도 어김없이 엄마에게 달려가 와락 안겼다.

아이들의 본능적인 행동에 익숙한 나는 그날도 그러려니 하고 거실로 향하는데, 선율이가 내 품으로 와서 꼭 껴안더니 귀에 대고 조용히 이렇게 이야기 하는게 아닌가.

"나는 아빠 안아 줄 거야"

그 순간 눈물이 핑 돌 정도로 뭉클하기도 하면서, 또 한편 서글프기도 했다. 이제 선율이는 어른처럼 생각할 줄 아는구나. 마음속으로는 자기도 하루 종일 기다렸을 엄마에게 뛰어가 안기고 싶었을 텐데, 뒤에서 혼자 들어오는 아빠가 안쓰러워 보였는지, 자기 본능을 잠시 참고 아빠에게 다가와 이런 따뜻한 이야기를 하는구나 싶었다.

우리 딸, 정말 다 컸다.

장면 둘.

일요일 저녁에는 나는 대개 선율이에게 이렇게 물어보곤 한다.

"선율아, 이번 한 주는 어땠어?"

그러면 선율이는 대개 한두 문장으로 짧게 대답한다.

"좋았어 아빠. 너무 좋았어."

그러면 나는 다시 "선율아, 어떤 점이 특히 좋았어?"라고 물어본다. 선율이는 골똘히 생각하며 이번 한 주 동안 있었던 일을 재잘재잘 이야기한다. 나는 딸이 골똘히 생각할 때 짓는 특유의 표정과 약간 느려지는 그 말투가 좋아서, 틈만 나면 선율이의 주말이 어땠는지 물어보곤 했다.

그래서 그날도 어김없이, "선율아, 이번 주는 어땠어? 행복했어?"라고 묻는데, 선율이는 대답을 하는 대신, 이렇게 묻는 것이 아닌가.

"아빠는 이번 주에 어땠는데? 아빠는 행복했어?"

처음 있는 일이었다. 아빠의 질문에 선율이가 자기 이야기를 하기 전에 먼저 아빠의 일주일은 어땠는지 물어본 일은 처음이었다. 선율이는 요즘 어쩌면 어른의 대화법을 배우고 있나 보다.

장면 셋.

아내와 다퉜다. 서로 많이 지치고 예민할 때 이런 일이 일어난다. 답답해서 바람을 쐬러 나갈까 하다가, 아이 셋을 태우고 남산타워로 향했다. 짙은 가을이 시작될 무렵이었고, 단풍나무들 사이로 남산타워의 불빛이 보였다. 차 안에는 늘 듣던 FM 라디오가 흘러나왔다.

나를 행복하게 만드는 사람,

내게 고마운 사람,

내게 위안이 되는 사람에게,

우리 조금 더 잘 하자고요.

라디오를 듣고 있던 선율이가 갑자기 이렇게 말했다.

"아빠, 아빠에게 그런 사람 있잖아.

아빠를 행복하게 만드는 사람,

아빠에게 고마운 사람,

아빠에게 위안이 되는 사람.

그게 엄마잖아. 그러니까 엄마랑 싸우지 마."

"알았어 선율아. 엄마랑 안 싸울게. 근데 선율아. 아빠
는 엄마를 사랑하고, 엄마도 아빠를 사랑해. 그래도 가끔
엄마 아빠도 의견이 부딪히면 싸우기도 한단다. 그건 자
연스러운 거야. 그래도 자주는 안 싸우잖아."

"응. 알아. 나랑 선웅이는 맨날 싸우는데 그거에 비하면 안
싸우지. 나도 선웅이랑 안 싸우려고 노력하고, 이제 소리도
안 지르려고 노력하고 있어. 그니깐 아빠도 엄마한테 잘해."

이제 어른보다 더 어른스러운 생각을 하는 선율이와의
대화. 아이의 생각이 깊어질수록, 사랑하는 아이들에게
부끄럽지 않은 어른이 되어야겠다는 생각이 든다. 그리고
그것이 아빠인 내가 더 좋은 하루를 살아갈 수 있게 하는
힘이 된다.

진짜 용기가 필요한 순간

2010년 뉴욕현대미술관.

유고슬라비아 태생의 세계적인 행위 예술가인 마리아 아브라모비치는 〈The Artist Is Present〉라는 이름의 퍼포먼스를 진행 중이었다.

나무로 만든 작은 테이블을 앞에 두고, 한 편에는 마리아가 앉아 있고, 반대편에는 빈 나무 의자가 놓여 있었다. 관객 중 누구나 그 나무 의자에 원하는 시간 동안 앉아 있을 수 있으나, 말을 해서는 안 되었다. 마리아와 침묵을 유지한 채 그저 눈을 바라보며 교감해야 한다는 것이 이 퍼포먼스의 유일한 규칙이었다.

당시 많은 이들은 바쁜 뉴요커들은 나무 의자에 앉으려 하지 않으리라 생각했지만, 이 퍼포먼스가 진행된 736시간 30분 동안 무려 1,545명이 마리아의 반대편에 위치한 나무 의자에 앉아 이 퍼포먼스에 참여했다. 그리고 퍼포먼스가 끝날 무렵에는 수백 명이 미술관 앞에서 밤을 새워가며 이 나무 의자에 앉기 위해 줄을 서기도 했다.

마리아 앞에 앉은 관객은 보통 4~5분 정도 동안 그녀의 눈을 응시한 채 조용히 말을 하지 않고 침묵의 대화를 나누는데, 관객들은 흐뭇한 웃음을 띠기도 하고, 잔뜩 인상을 쓰기도 했으며, 화를 내기도 하고, 눈물을 흘리기도 했다.

이 퍼포먼스의 첫날 저녁에 한 남성이 찾아와서 마리아의 맞은편에 놓인 나무의자에 앉았다. 눈을 감고 있다가 조용히 눈을 뜬 그녀는 금세 눈시울이 붉어졌고, 이 남성은 마리아의 눈물에 고개를 절레절레 흔들며 자신도 힘들었다는 듯이 깊은 한숨을 연거푸 내쉬었다. 무언가 사연이 있는 듯한 두 사람의 말없는 대화에 모든 이들이 숨을 죽이며 바라보고 있었다.

이 남자는 22년 전 헤어진 마리아의 연인 울라이였다. 둘은 유럽에서 10년이 넘는 세월 동안 함께 왕성한 예술 활동을 해온 영혼의 동반자이자 예술적 동지였다. 하지만 여러 이유로 1988년 이별하게 되었고, 고비사막과 황해에서 출발해 각자 2,500킬로미터를 걸어와서 만리장성 가운데에서 포옹을 하고 헤어지는 〈The Lovers〉라는 작품을 마지막으로 각자의 삶을 살아왔던 것이다.

22년 만에 만난 둘은 그렇게 서로를 응시한 채 눈물을 흘렸고, 조용히 손을 잡았다. 그 자리에서 이들을 지켜보던 많은 사람들은 큰 소리로 박수를 쳤고, 둘은 조용히 손을 잡은 채 웃음을 지었다.

그렇게 둘은 다시 이어졌다. 함께 엮어 온 세월의 실타래가 깊고 길었기에 그 후로 법적 분쟁이 있기도 했지만, 그 매듭마저 모두 풀고 2017년 울라이는 덴마크 루이지아나 미술관에서 열린 마리아의 회고전에 참여해 그녀에게 힘을 실어주기도 했다. 그 후 울라이는 2020년 3월, 암에 걸려 먼저 생을 마감했다.

살면서 내가 먼저 손을 내밀어야 되는 순간이 있다.

손을 내밀지 말아야 하는 이유를 따지면 수십 가지 이유가 떠오를지 모른다. 그럼에도 인연의 끈을 놓으면 후회가 남겠다는 한 가지 사실이 확실하다면, 그때가 바로 내 인생에서 진짜 용기가 필요한 순간이다.

하루를 살아내는 것도 보통일이 아니다

내게 '친절함'의 의미를 가르쳐준 사람은, 어릴 때 아버지
와 토요일 밤마다 졸린 눈을 비비며 보던 〈주말의 명화〉
속 로빈 윌리엄스이다.

〈죽은 시인의 사회〉, 〈미세스 다웃파이어〉, 〈굿 윌 헌팅〉,
〈굿모닝 베트남〉, 〈패치 아담스〉처럼 주옥 같은 작품들을
남기고 2014년 하늘나라로 떠난 로빈 윌리엄스. 그가 살
아생전 실천했던 선행들과 가슴 울리는 미담 중 그가 남긴
이 한 문장이 두고두고 기억에 남는다.

> "당신이 만나는 사람은 누구든 당신이 예상할 수 없는
> 힘겨운 싸움을 하고 있어요. 언제나, 친절하세요."
> -로빈 윌리엄스

누구에게나 아픈 손가락이 있다. 누구에게나 지워지지 않는 상처가 있다. 누구에게나 숨기고 싶은 구석이 있다. 누구에게나 풀리지 않는 고민이 있다. 누구에게나 불편한 관계가 있다.

그럼에도 불구하고 우리는 오늘을 산다. 오늘도 만만치 않을 하루가 기다리고 있을 테지만, 남들에게 피해 주지 않고, 스스로 떳떳한 하루를 만들기 위해 안간힘을 쓰며 오늘을 살아간다.

이렇게 하루를 살아내는 것도 보통 일이 아니다. 그의 하루도 나의 하루만큼이나 쉽지 않은 하루일 것이다. 그러니 우리, 우리가 만난 인연들에게 먼저 웃자. 그리고 조금 더 친절하자.

첫 문장

평생을 학자로 살아오신 장인어른은 퇴임하시던 해에 한 권의 책을 발간하셨다. 1984년 프랑스에서 「랭보와 진리」라는 논문으로 문학박사학위를 받으신 후, 30년간 불문과 교수로 한 길을 걸어오며 쌓아온 연구 결과물을 700페이지에 달하는 역작인 『랭보의 시학』으로 남기신 것이다.

운석과 같이 세상에 나타나 짧고 번득이는 생을 살다 간 프랑스의 천재 시인 아르튀르 랭보가 남긴 시 전집을 해석하고 비평한 국내 유일의 서적인 이 책의 서두에는 아래와 같은 한 문장이 적혀 있다.

사랑하는 아내 영화에게

이 진한 한 문장에는 첫째를 임신한 아내를 두고 혼자 프랑스로 건너가 박사 과정을 시작하게 된 아버님의 짙은 미안함과, 이후 말 한마디 통하지 않는 구라파의 낯선 땅으로 건너와 두 딸을 타지에서 낳고 키우며 묵묵히 내조를 한 아내에 대한 깊은 고마움이 담겨 있다는 사실을 나는 알고 있다.

이 책을 받아 들고 처음 펼칠 때 눈에 들어온 이 문장이 두고두고 기억에 남았다. 그리고 아버님께 언젠가 내가 첫 책을 쓰게 되면 나도 사랑하는 사람(아버님의 딸)의 이름을 첫 장에 적어도 되냐고 여쭤 보았다. 장인어른은 지긋한 웃음을 지으며 고개를 끄덕이셨다.

몇 해 전 발간한 나의 첫 책.
그 책은 아래 문장으로 시작된다.

아내 한이에게,
이 책을 바친다.

지금 보아도 내 첫 책의 시작으로 모자람 없는 문장이다. 장인어른이 살아오신 삶을 존경한다. 늘 장인어른의 삶에서 많은 힌트를 얻는데, 첫 책의 첫 문장까지 장인어른의 아이디어를 차용한 데 대해 이 글을 빌어 고마운 마음을 전하고 싶다. 그리고 그에 대한 마음의 빚을 갚기 위해 주말 저녁 양평집에서 맛있는 목살과 묵은지를 구워 지평막걸리를 대접할 생각이다.

아빠의 유산

선율이, 선웅이, 이도.

내 인생에 우주인 세 아이들에게 아빠로서 나는 어떤 유산을 남길 수 있을까?

하나, 책 읽는 습관

그 어디를 둘러봐도 책이 있었다. 우리 집만 하더라도 책장뿐 아니라 테이블과 의자 위에도 책이 쌓여 있었고 할머니의 집에 가면 서재 사방의 바닥에서 천장까지, 거실의 한쪽 면, 할아버지가 쓰시는 서재의 삼면, 흔히 '복도'라고 불리는 통로의 이쪽 끝에서 저쪽 끝까지 놀이방의 한쪽 벽 4분의 3이 책이었다. 크리스마스나 생일이 돌아오면 선물의 80퍼센트가 책이었고, 이런 책은 읽으면 안 된다는 말을 들은 적은 한 번도 없었다.
　－『되살리기의 예술』 중에서

『되살리기의 예술』의 저자인 다이애나 애실은 1945년부터 무려 50여 년간 영국의 전설적인 편집자로 일하고 2019년 101세에 세상을 떠났다. 그녀는 평생을 읽고 쓰고 편집하고 책을 만드는 일을 하며 열정적인 삶을 살았다.

그녀의 천직인 책 편집과 밀접히 연관된 책 읽는 습관은 사실 어릴 때부터 책을 읽을 수밖에 없는 환경에서 비롯된 것임을 어렵지 않게 알 수 있다. 그녀는 사방이 책으로 둘러싸인 집에서 부모와 조부모가 책 읽는 모습을 보며 자랐다. 그리고 그녀도 자연스럽게 책을 접하고 마음껏 책을 읽었을 것이다.

얼마 전, 선율이가 주말에 외출을 하는데, "아빠는 왜 어디 나갈 때마다 항상 그렇게 책을 챙겨가?" 하고 물었다. 실제로 책을 들고 가도 못 읽는 경우도 많지만 그럼에도 나는 항상 책을 챙겨 나간다. 책을 가방에 넣는 행위만으로도 일종의 포만감이 생기고, 한 문장이라도 책을 읽는다면 그 하루는 그렇지 않은 하루보다 훨씬 더 만족스럽기 때문이다.

내 아이들도 부디 즐겁게 책 읽는 습관을 가지길 바란다. 그리고 책 읽는 엄마 아빠의 일상을 보며 자연스럽게 영감을 얻길 바란다.

둘, 대화의 묘미

아이들에게 엄마와 아빠가 주제에 상관없이 소탈하고 격없이 대화하는 모습으로 기억되길 바란다. 서로 대화가 잘 맞아 깔깔거리며 이야기하느라 아이들이 끼어들 틈조차 없는 모습, 함께 본 영화를 놓고 서로 다른 결말을 상상하며 자기가 맞다고 우기는 모습, 힘든 하루를 보내고 저녁을 먹으며 오늘 하루 있었던 일을 나지막하게 이야기 나누는 모습도 아이들의 기억에 잔잔하게 스미길 바란다. 그리고 으르렁거리며 싸울 때에도 엄마 아빠가 서로에 대한 존중을 잃지 않는 모습으로 기억되길 바란다.

아이들이 속 깊은 대화를 나누고, 자신의 생각을 의식의 흐름에 따라 자유롭게 이야기할 수 있길 바란다. 그리고 다른 사람과 나누는 대화에서 그 사람의 인생을 배우고, 다른 생각을 마주했을 때 귀를 닫기보다는 호기심으로 먼저 다가가길 바란다. 상대와 다정하게 교감하는 법을 터득하고 대화의 힘을 긍정하고 대화의 묘미를 깨닫길 소망한다.

셋, 유머를 잃지 않는 여유

삶이 어디 매순간 기쁨으로만 가득 찰 수 있으랴. 아이들이 독립하기까지 적어도 20여 년을 함께할 그 시간 동안, 꼭 쥐고 있는 끈을 놓고 철퍼덕 하고 바닥에 주저 앉고 싶을 정도로 힘든 시간도 있을 것이다.

그 극한 상황 속에서도 엄마와 아빠가 허우적대며 누군가 탓할 대상을 찾거나 서로에게 분노를 표출하지 않고, 크게 심호흡을 하고 싱겁게 웃으며, "허허, 슈퍼 마리오가 좀 도와주면 좋겠네", "우리 삼둥이들은 괜찮으니 걱정하지 마" 하고 유머를 잃지 않는 모습을 기억했으면 한다.

넷, 자연을 향한 개구지고 생동감 넘치는 삶

어느 따뜻한 봄날 우리는 오스트리아 티롤레세 지방에 있는 페른패스의 한적한 언덕에서 반바지를 입고 스키를 타고 있었는데 내가 옷을 몽땅 벗고 알몸으로 타자고 제안해서 우리는 커다란 스키화와 스키만을 신은 채 경사면을 따라 달렸다. 구경꾼이 있었다면 희한한 광경을 보았겠지만 아무도 주위에 없었다.

로저 곳에 사람이 많아지기 전에는 우리는 수영복을 입지 않고 헤엄을 쳤다. 스코트는 수영을 잘 했고 우리는 곧잘 메인 주의 우리 집 앞에 있는 스프리트 코브의 차가운 바다에서 수영을 즐겼다.

— 『아름다운 삶, 사랑 그리고 마무리』 중에서

내 인생에 지대한 영향을 준 책 『아름다운 삶, 사랑 그리고 마무리』에 나오는 장면이다. 헬렌 니어링과 스코트 니어링 부부가 눈밭에서 눈 만난 강아지처럼 좋아하는 모습, 그리고 차가운 바다에서 서로 깔깔거리며 수영하는 모습이 눈에 선하게 그려진다. 이들은 삶에 대한 확고한 철학을 가지고 시대를 앞서 살아간 사상가들이지만, 자연 앞에서는 개구지고 생동감 넘치는 삶을 즐겼다.

결국 우리는 자연에서 와서 자연으로 돌아갈 존재들이다. 우리는 대자연에 뿌리를 두고 있다. 아이들이 도시의 편리함보다는 자연에 감사하길, 대자연의 품에 안겨 아무 거리낌없이 뛰놀고 장난치며 살아가길 바란다. 설사 도시에서 살아가더라도 늘 자연에 마음이 열려 있길 바란다.

다섯, 물질에 집착하지 않는 의연함

물질이 삶에 미치는 영향은 무척 크다. 살아 보니 돈을 적게 버는 사람은 돈이 모자라서 고민하고, 돈을 많이 버는 사람은 다 쓰지도 못할 돈을 더 버느라 고민하더라.

아이들이 엄마와 아빠의 삶을 보며 돈이 삶에 본질이 아니라는 것을 알아차리길, 돈을 좇지 않고도 삶의 정수를 맛보며 멋지게 살아갈 수 있음을 깨닫길 바란다.

그렇다고 아이들에게 물질과 돈이 부정적이기만 하다고 말하고 싶은 생각은 추호도 없다. 나는 오히려 내가 좋아하는 일을 하고 내가 사랑하는 이들을 지키기 위해 일정 수준의 경제적 자유는 필요하다고 생각한다. 단, 돈이 내 인생의 소중한 것들과 맞바꿀 만큼 대단한 것이 아니라는 점, 그리고 돈을 더 얻기 위한 집착을 조금만 포기하면 사랑하는 이들과 함께할 수 있는 시간과 좋아하는 것을 누리며 살 수 있는 자유를 얻을 수 있다는 사실을 언젠가 아이들이 알기를 바랄 뿐이다.

여섯, 일에 대한 집중력과 끈기

2003년 처음 장인어른을 뵈었다. 그때는 여자 친구 한이의 아버지가 언젠가 장인어른이 되리라 생각하지 못했던 시절이었다. 기억 속 한이 아버지는 늘 거실 책상에 앉아서 열심히 타자를 치고 있었다. 저녁을 먹고 와인을 한 잔하고 거나하게 취기가 올랐을 때에도, 한이 아버지는 다시 자기의 책상으로 돌아가 독수리 타법으로 키보드를 타닥거리며 무엇인가에 골몰해 있었다.

처음에는 이 분이 무엇에 그리 몰두하는지 전혀 몰랐다. 그로부터 십여 년이 지난 후, 장인어른이 정년 퇴직을 하시던 해에 『랭보의 시학』이라는 책이 발간되었다.

불문과 교수님이신 장인어른의 박사 논문에 등장하는

프랑스의 젊은 미치광이 천재 시인 랭보가 평생 써 나간 시들은, 장인어른이 30년간 교직생활을 마무리하는 그해에 700쪽의 장서로 정리되어 세상에 나왔다. 그 책은 장인어른 삶의 역작이자, 장인어른이 쌓아온 지식의 총체였다.

내 아이들의 기억 속에도 엄마와 아빠가 자신의 일에 무섭게 집중했다는 사실이 각인되길 바란다. 그리고 의미 있는 무언가를 성취하기 위해서는 몰입의 시간이 절대적으로 필요하다는 점, 흔들림없이 쌓아 나가며 끈기 있게 골몰해야 부끄럽지 않은 결과물을 얻어낼 수 있다는 점을 세 아이들이 깨닫길 바란다.

일곱, 자신에 대한 무조건적인 사랑

선율이, 선웅이, 이도. 세 아이들이 스스로 아무런 조건 없이 사랑받아 마땅한 존재라는 점을 자연스럽게 받아들이길 바란다. 그렇게 조금씩 싹튼 마음속 사랑의 씨앗이, 아이들의 심장을 가득 채우고, 그 사랑이 넘쳐 아이들이 만나게 될 인연과 아이들이 살아갈 세상에도 널리 뿌려지길 바란다.

그리고 선율이, 선웅이, 이도 각자가 자기의 세계를 가진 우주라는 점, 이 우주 안과 밖에 존재하는 모든 생명과 사물은 우리만큼 소중하다는 점, 남에게 주눅들지 않고 남을 무시하지도 않으면서도 당당하고 의연하게 살아갈 수 있다는 것을 알아 차리기 바란다.

세 아이들에게 남기는 아빠의 유산을 적고 보니, 정작 물려주는 것은 하나도 없고, 부모가 원하는 바람만 적은 듯해 미안한 마음이 든다. 이렇게 남기는 아빠의 정신적 유산은, 결국 아빠와 엄마가 이 같은 삶을 실천하며 살아가는 모습을 아이들이 보고 자라야 완성되는 것이리라.

소중한 지인들에게 선물한 열 권의 에세이

누군가에게 선물을 줘야할 때, 나는 대부분 책을 선물한다. 수년간 책을 선물하다 보니, 책 선물에는 몇 가지 특별한 장점이 있음을 알게 되었다.

우선, 책은 선물 받은 이의 책장 한 켠에서 그의 곁을 오랫동안 지킨다. 주로 많이 주고받는 선물인 커피 쿠폰의 경우, 사실 선물을 받고도 누가 줬는지 기억이 잘 안 나고 쓰고 나면 금세 사라진다. 선물을 준 사람도 기억이 없고, 선물을 받은 사람도 기억에 없다. 선물을 주고받은 행위만 남을 뿐이다. 그런데 책 선물은 기억에 오래 남는다.

그리고 지인의 취향과 상황에 따라 맞춤 선물을 줄 수 있다는 점도 책 선물의 장점이다. 지인의 자존감이 다소 떨어져 있을 때에는 장기하의 『상관없는 거 아닌가』를 선물한다. 반대로 지인이 자신감 과잉 상태로 보일 때는 라이언 홀리데이의 『에고라는 적』을 추천해 준다. 받는 사람에 따라 맞춤 선물이 가능한 것이다.

무엇보다 책 선물의 가장 큰 장점은 선물 주고 싶은 지인과 좋은 대화를 나눌 수 있다는 점에 있다.

나는 책을 선물하며 책을 좋아하는 이유나 그 책에서 밑줄 긋고 싶은 문장을 언급한다. 그리고 자연스럽게 요즘 나는 어떻게 사는지 이야기하고, 요즘 그는 어떻게 살아가는지를 물어본다. 경험적으로 이렇게 시작하는 이야기는 대부분 좋은 대화로 이어진다. 선물을 주며, 좋은 대화까지 나눌 수 있는 것이다.

실용적인 관점에서 책 선물은, 가격대가 1~2만 원대로 부담스럽지 않고, 배송도 빠르고 간편하며, 비교적 실패할 확률이 적은 선물이라는 점도 장점이다.

아래는 내가 적어도 세 명 이상의 지인들에게 선물한 책들만 추려 보았다. 책의 장르는 삶의 이야기를 담은 에세이나 산문집으로 정하는 편이다. 특별한 경우를 제외하고 경영경제 관련 서적을 선물하지는 않는 이유는, 1년에 많아야 한두 번 소중한 사람들에게 선물할 때조차 먹고사는 문제에 매달리라고 말하고 싶지는 않기 때문이다.

에세이를 읽는다는 것은 누군가의 삶의 모습을 들여다보고, 그들의 대화를 엿듣고, 그들의 생각을 읽는 것이다. 나는 에세이를 읽으며 일과 숫자와 이미지와 감정으로 채워진 내 시간에 여백을 만든다. 그 짧은 여백의 페이지 속에서 키득거릴 수 있는 유머의 순간을 발견하거나 작은 깨달음이라도 얻을 수 있다면 그 하루는 충분히 귀한 하루가 될 자격이 있다.

‡ 소중한 지인들에게 선물한 열 권의 에세이

『우리들의 파리가 생각나요』, 정현주, 예경

김환기 화백의 그림에 모티브를 얻어 만들어진 핑크빛 표지에서 이미 선물의 아우라가 뿜어져 나온다. 김환기 화백과 그의 아내 김향안의 삶을 담은 이야기 책이다. 소유욕을 불러 일으키는 표지 디자인, 그 안에 어울어진 글과 그림, 엽서가 아름답다.

선물받는 사람: 마침내 소울메이트를 만난 커플 또는 미술에 관심이 많은 지인에게.

『태도의 말들』, 엄지혜, 유유출판사
결국 태도 아닌가. 태도를 축으로 삶과 일과 사람에 대한 통찰력 있는 문장들로 가득 찬 책.
선물받는 사람: 새로운 일을 시작하는 지인이나 진지하고 깊은 사고를 하는 지인에게.

『모든 동물은 섹스 후 우울해진다』, 김나연, 문학테라피
고루함을 집어던지고 발칙하고도 생기 넘치는 글이 몹시 땡길 때 읽고 싶은 맛깔나는 문장집.
선물받는 사람: 지루한 일상의 슬럼프에 빠져 있는 지인들, 노포집에 소주잔을 기울이며 별의별 이야기를 다 할 수 있는 친구들에게.

『나는 울 때마다 엄마 얼굴이 된다』, 이슬아, 문학동네
비 오는 주말 이불 속에서 한참 뒹굴거리다가, 해물파전에 막걸리 한잔하며 읽기 좋은 책.

선물받는 사람: 그림이나 사진이 많이 담긴 책을 좋아하는 지인, 부모님과 사이가 고민인 지인, 아직 이슬아 작가의 글맛을 느껴보지 못한 지인에게.

『상관없는 거 아닌가』, 장기하, 문학동네

담백하면서도 물 흐르듯 읽히는 장기하식 화법이 담긴 에세이. 그가 세상을 바라보는 관점을 들여다보면, '내가 괜한 고민을 떠 안고 살고 있었구나'라는 생각이 들며 묘한 위로를 받는다.

선물받는 사람: 힘든 일을 겪었거나 큰 변화를 앞에 둔 지인, 생각의 잔가지가 많은 지인이나 최근 자존감이 떨어져 있는 지인에게.

『파타고니아, 파도가 칠 때는 서핑을』, 이본 쉬나드, 라이티하우스

인생을 바쳐 만든 브랜드가 있다는 것, 그 과정이 주는 감동과 결과물이 가진 힘.

선물주는 사람: 자유롭고 에너지 넘치는 지인, 조금 더 긴 호흡으로 자신의 궤적을 그려나가면 좋겠다 생각되는 지인에게.

『약간의 거리를 둔다』, 소노 아야코, 책 읽는 고양이

거리라는 것이 얼마나 위대한 의미를 갖는지 사람들은 잘 모른다.

선물받는 사람: 관계에 지쳐 있는 지인에게.

『고등어를 금하노라』, 임혜지, 푸른 숲

매일 세끼를 함께 먹는 뮌헨 괴짜 가족의 일상 이야기. 네 가족의 소소한 일상 이야기에서 얻는 깨달음.

선물받는 사람: 부모가 어떤 존재여야 하는지, 나는 어떤 가정을 꿈꾸는지 고민하고 있는 지인에게.

『요가 매트만큼의 세계』, 이아림, 북라이프

무리해서 그 이상을 욕심내지 않는 것, 이것이야 말로 삶을 완성하는 단단한 철학이다.

선물받는 사람: 조금 쉬어 가는 타이밍, 무거운 짐을 내려놓고 잠시 힐링과 쉼이 필요한 지인에게.

『아름다운 삶 사랑 그리고 마무리』, 헬렌 니어링, 보리

덜 소유하고 더 존재할 수 있는 방법을 삶으로 증명한 니

어링 부부의 이야기를 담은 책.

선물받는 사람: 미니멀리스트를 지향하거나, 전원생활을 고려하는 목가적 감성을 가진 지인에게.

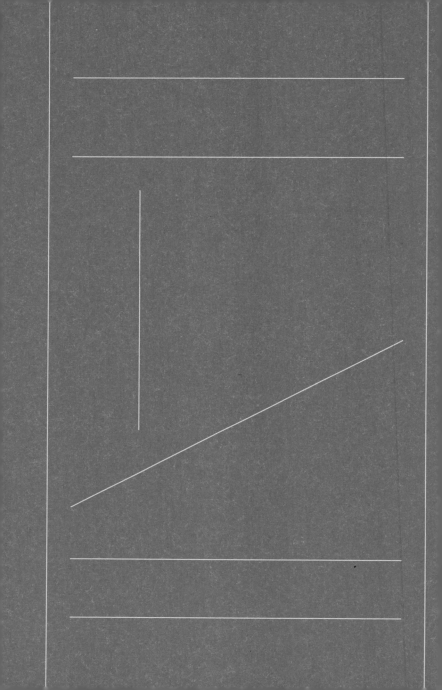

5

나를 힘껏 끌어안는 시간

Always Protect Yourself

유독 타인의 말에 쉽게 휩쓸릴 때가 있다. 평소에 그냥 대수롭지 않게 넘겼던 말인데 이상하게 그 말을 흡수하지 못하고 앙금이 남는다. 이런 상태에서 우리는 상대방의 말 한 마디, 한 마디에 신경을 곤두세운다. 상대가 했던 말을 한 번 더 곱씹고, 상대의 표정이나 말투를 떠올리며 언짢아 하고, 그러면서 내 행동에 문제가 있는지 자기 검열에 이르게 된다.

사실 상대방이 나를 대하는 태도가 크게 달라진 것은 아니다. 물론 내 행동에 문제가 있었던 것도 아니다. 단지 나의 심리적 면역력이 약해져 외부 자극에 극도로 민감해졌을 뿐이다. 내 자존감이 떨어져 있고 내 정신이 유리 같으니 모든 것에 뾰족하게 대응한다.

관계를 맺는 일이 힘겹고, 누군가의 말을 품고 대화를

나눌 수 있는 마음의 그릇이 얇아진 상태. 그래서 세상의 모든 자극에 가시를 세우는 내 모습이 드러날 때, 나는 내가 '마음의 감기'에 걸렸음을 스스로 진단한다.

"Always Protect Yourself"

영화 〈밀리언 달러 베이비〉에서 클린트 이스트우드가 자신에게 가르침을 갈구하는 가난한 복서 힐러리 스웽크에게 복싱을 가르치며 입버릇처럼 하는 말이다. 힐러리 스웽크도 링 위에 올라가기 전에 항상 이 말을 낮은 소리로 되뇌인다.

항상 나 자신을 보호하라.

관계에 있어 자기 중심이 흔들리는 상태에서는 그 관계를 온전히 지키기 힘들다. 대화를 할 때도 내 자존감이 떨어져 유리 멘탈이 되면 상대의 진심 어린 조언조차 삐딱하게 듣게 된다. 상대는 가시 돋친 말을 하지 않았는데, 나는 가시 돋친 말로 되받아친다.

이렇게 마음의 감기에 걸렸을 때는 자신만의 방법으로 스스로를 지켜내야 한다. 나는 우선 대화를 줄인다. 가급적 사람도 만나지 않는다. 내가 스트레스 받는 상황을 최소화하고, 내가 싫어하는 것을 멀리한다. 핸드폰 속 시끄러운 단톡방 알림을 다 끄고, 날 따라다니는 이메일의 회신을 잠시 접어 둔다. 부담스러운 사람과의 약속은 취소하고, 여럿이 모여서 떠드는 모임에 나가지 않는다.

그리고 내가 좋아하는 것들로 채운 시간 꾸러미를 스스로에게 선물한다. 내가 좋아하는 장소에 가고, 내가 좋아하는 영화를 보고, 내가 좋아하는 책을 읽는다. 잠시 대화만 나누어도 자존감이 회복되는 보고 싶은 지인과 괜찮은 장소에서 맛있는 음식을 먹는다. 그리고 내가 좋아하는 내 모습을 회상해 본다. 내가 행복했던 순간, 내가 자신감에 넘쳤던 순간, 내가 생각해도 스스로 대견했던 순간을 회상해 본다. 그리고 그때 내가 즐겨 들었던 음악을 다시 듣는다. 내가 잘할 수 있는 일만 찾아서 하고, 부담되거나 실패할 것 같은 일은 잠시 피한다.

지나친 욕심으로 버틸 때까지 버티다가 결국 멘탈이 터져 번아웃이 온 나에게 회복의 시간을 허락하는 것이다.

이 시간은 마음의 감기가 든 내게 비싸고 좋은 비타민 영양제를 듬뿍 주는 시간이다. 대개 이런 시간을 보낸 뒤에는 잘 듣는 감기약을 먹고 한숨 푹 자고 일어난 듯 심리적 면역력이 회복되는 경우가 많다.

관계도 대화도 결국 나로부터 시작이다. 내가 온전해야 관계도 안녕하다.

나만의 굴

변호사 시험을 준비하던 해, 월 화 수 목 금요일을 새벽부터 밤늦게까지 달리고 나면 토요일에는 공부에 집중할 수 있는 에너지가 거의 남아 있지 않았다. 그래서 스터디 모임을 주로 토요일 오후에 배치해 두고, 스터디를 준비하기 위해 토요일 오전 시간을 쓴 다음, 토요일 오후에는 마지막 남은 집중력의 즙을 짜내서 나를 공부하게끔 밀어넣는 전략을 취했다.

그렇게 토요일 오후 5~6시 정도에 스터디가 끝나면 나는 완전한 번아웃 상태가 되었다. 책을 쳐다보기도 싫을 뿐만 아니라 사람도 만나고 싶지 않았고, 심지어 어떤 대화도 하고 싶지 않았다. 그때 나는 학교 후문 앞 마트에 들러, 막걸리 한두 병과 두부 한 모, 볶음 김치 하나에 달달한 조청 유과 한 봉지를 사서 내 방으로 들어갔다.

그리고 노트북에 그 당시 즐겨봤던 〈1박 2일〉이나 한국 영화를 켜 두고(미국 드라마나 일본 드라마는 자막 읽는 것조차 귀찮아서), 침대에 반쯤 눕고 반쯤 앉아서 두부 김치와 조청 유과의 '단짠 조합'을 즐기며 차가운 막걸리를 마셨다. 그것이 치열했던 일주일의 열기를 식히고 다음 한 주를 준비하는 나름의 루틴이었다.

지금 생각해 보면 그 공간이 나만의 '굴'이었다. 아무 말을 하지 않아도 되고 아무도 내 에너지를 빼앗지 않는 곳. 아무렇게 널브러져서 좋아하는 음식을 먹으며 혼자 키득거릴 수 있는 곳. 누구의 시선도 닿지 않아 누구의 눈치도 보지 않아도 되는 곳. 완전히 단절되고 완벽히 자유로운 나만의 장소, 나만의 굴.

스페인에서는 투우 경기장에서 투우사와 마지막 일전을 앞둔 소가 잠시 숨을 고르며 쉴 수 있는 공간을 '케렌시아(Querencia)'라고 한다는데, 변호사 시험을 수개월 앞둔 내게도 그렇게 단절된 채로 숨을 고르며 에너지를 채울 수 있는 공간이 필요했던 것이다.

신기하게도 이 단순한 루틴을 지키지 않으면 꼭 탈이

났다. 고시의 긴장감과 압박감에 못 이겨 토요일에도 늦게까지 열람실에 앉아 있거나, 지인들과 어울려 밤늦게까지 술자리에 남았던 주에는 어김없이 컨디션이 나빠졌다. 그리고 결과적으로는 곱절의 시간을 컨디션 회복에 쏟아부어야만 했다.

수십 주 동안 반복된 경험을 하고 나서, 나는 일상에서 휴식의 총량은 절대적으로 지켜져야 한다는 것을, 그리고 자신에 맞는 휴식의 루틴이 있다는 것을, 이를 위해 누구에게도 간섭 받지 않고 가쁜 숨을 내쉴 수 있는 나만의 굴이 필요하다는 사실을 깨달았다.

지금은 아이 셋의 아빠이기에 사실 '나만의 굴'을 요구할 수 있는 공식적인 권리는 없다. 그래도 가끔, 힘겨운 하루를 보내고 집에 도착한 날, 지하 주차장에 차를 주차해 두고 라디오를 끄지 않은 채 눈을 감고 가만히 앉아 있곤 한다. 그 비좁은 나만의 굴에서 10여 분 남짓 짧은 시간을 보내는 그 비공식적인 루틴만으로도 꽤 에너지가 채워짐을 느낄 수 있다.

내 마음이 지옥일 때

내 마음이 지옥일 때가 있다. 누군가가 심장을 옥죄는 듯 답답하고, 목이 바짝바짝 마른다. 눈을 감아도 잠이 오지 않고, 잠들었다가도 수없이 다시 깬다. 왜 이렇게 답답하고 마음이 무너져 내리나 생각해 보지만, 걱정을 증폭시키는 사람도 나고, 불안에 휩싸이게 만드는 사람도 결국 나다.

내 마음이 지옥일 때는 사실 어떤 대화도 귀에 들어오지 않는다. 내가 만든 늪에 빠져 허우적거리고 있는데, 누군가의 이야기를 받아 낼 틈이 없는 것이다.

이럴 때는 차라리 대화의 공백을 가지는 편이 낫다. 대화다운 대화를 하지 못하는 상황에서 억지로 대화를 나누는 것이 서로에게 좋을 것이 없기 때문이다. 대화를 하지 않는 편이 나를 위해서도 상대의 감정과 시간을 배려해서도 훨씬 낫다.

다친 마음의 치유를 위해 나름의 처방전을 마련한다. 마음 깊은 곳까지 안정감을 주는 엔니오 모리꼬네 음악을 틀어 두고 따뜻한 보이차나 도라지차를 마신다. 그리고 집에서 가장 볕이 잘 드는 곳에 편하게 앉아 심호흡을 한다.

그리고 천천히 몸을 움직여 본다. 스트레스와 긴장으로 잔뜩 움츠려 든 몸을 곧게 펴는 것부터 시작이다. 굽은 등을 펴고 아래로 떨어진 목을 들고 손을 양쪽으로 펴고 이곳저곳 스트레칭을 한다.

혼자 조용한 시간을 보내는 동안 나를 정면으로 바라보고 대화할 수 있는 용기가 조금씩 생겨남을 느낀다. 불안에 지배될 때에는 알지 못했던 불안의 근원을 나와의 대화를 통해 스스로에게 물어본다.

사실 불안의 이유만 찾아도 마음이 한결 나아진다.

그게 감정의 문제인지, 욕심의 문제인지, 관계의 문제인지, 돈의 문제인지, 신뢰의 문제인지, 대화의 문제인지를 떠올려 본다는 뜻은 어느 정도 내 마음에 여유가 생겼다는 의미이다.

그렇게 조금씩 회복해 나간다. 다시 일상을 겪어낼 수 있고, 다시 대화할 수 있고, 다시 아무렇지 않게 농담을 주고받을 수 있고, 다시 꿈을 꾸고 희망을 이야기할 수 있을 때까지는 시간이 더 걸릴 테지만, 시나브로 어제보다 나은 하루가 찾아오리라 믿는다.

너는 잘 할 거다

점심을 먹고 나오는데, 성경이 형이 내 어깨를 지그시 잡으면서, "재언아, 너는 잘 할 거다"라는 말을 건넨다.

생각지 못한 순간에 들은 말이었지만, 별거 아닌 형의 그 한 마디가 묘하게 위안이 되고 힘이 되었다.

나침반의 자침처럼 어쩌면 끊임없이 흔들리는 것이 인간의 숙명일지 모른다.

견고한 영혼의 소유자들도 중요한 순간을 앞두고 흔들린다. 다만 그 흔들림 속에서도 내 마음의 북극성을 향하며 방향성을 잃지 않기 위해 매일 마음을 다 잡는 게 우리의 모습이다. 그리고 그럴 수 있기 위해 무엇보다 내 자신을 믿어야 한다.

나는 누군가의 중요한 순간에, 그가 스스로를 믿고 자신의 북극성을 향해 흔들림 없이 나아갈 수 있는 힘을 주는 말을 건넨 사람이었던가 생각해 본다.

약간의 거리감

"서로에게, 그리고 자신에게 친절하시길, 그리고 그 친절을 먼 미래의 우리에게 잘 전달해 주길 바랍니다. 응원합니다. 축하합니다. 감사합니다."

수학계의 노벨상이라고 하는 필즈상을 수상한 허준이 교수가 2022년 서울대 학위 수여식 축사에서 마지막으로 한 말이 인상적이었다. 아득한 후배들에게 남긴 이 축복 담긴 메시지에는 허준이 교수가 평소 자신과 타인, 그리고 미래에게, 어떤 태도를 가지고 살아가는지가 묻어났다.

이 문장을 마주하고, 곰곰이 생각해 보았다.

어떻게 꾸준히 나에게 친절할 수 있을까?
어떻게 꾸준히 타인에게 친절할 수 있을까?

필요할 때만 베푸는 자본주의적 친절이 아닌, 나와 타인에게 어떻게 꾸준히 친절을 베풀 수 있을까?

내가 내킬 때 내가 좋아하는 사람들에게 내가 원하는 친절을 베풀기는 어렵지 않지만, 꾸준히 나와 너와 우리에게 일관된 친절을 베풀기는 여간 어려운 일이 아닐 것이다. 이러한 친절은 삶에 대한 태도의 문제이고, 관계에 있어 지속적인 노력이 필요하기 때문이다.

쉽게 풀릴 수 없는 문제를 잠시 접어두고, 평소 즐겨 읽던 산문집을 가볍게 펼쳤는데 거기에 적힌 한 구절에 시선이 머물렀다.

깊이 뒤얽힐수록 성가스러워진다. 살다 보면 나를 끔찍이 싫어하는 사람이 한둘은 나오게 마련이다. 이를 피할 도리는 없다. 그리고 대부분의 경우 관계가 지나치게 깊어져 서로에게 어느덧 끔찍할 정도로 무거워진 덕분에 문제가 생긴다. 어머니 말씀처럼 사람이나 집이나 약간의 거리를 둬 통풍이 가능해지는 것이 중요하다. 그것이 최소한의 예의인 듯싶다.

1931년생 할머니인 소노 아야코의 산문집 『약간의 거리를 둔다』에 좋은 관계를 유지하며 나와 세상에 친절할 수 있는 비밀이 담겨 있었다.

나에게, 그리고 타인에게 지속적으로 친절할 수 있으려면, 나와 타인이 만든 관계가 복잡한 굴레가 되어 버겁게 느껴지면 안 된다. 그런 관계는 내 일상을 짓눌러 관계없음 보다 못한 상태가 된다.

그래서 '통풍이 가능할 정도의 약간의 거리'가 필요한 것이다. 그래야 서로가 힘겹게 느껴지지 않고, 지속적으로 친절해질 수 있는 여유와 틈이 생겨난다. 어쩌면 서로를 위한 그 약간의 거리감이, 서로에게 예의를 지킬 수 있게 하고, 나와 타인과 세상에 내가 지속적으로 친절할 수 있는 힘을 유지해주는 마법의 장치가 아닌가 하는 생각이 든다.

아무것도 하지 않고
하루를 보낼 수 있는 권리

쉬는 법을 알지 못했다. 내게 주어진 모든 시간을 테트리스 맞추듯 한치의 오차 없이 빼곡하게 채우며 살았다. 시간에 대한 일종의 강박이 있었는지, 아니면 쉬는 법을 배우지 못해서 그랬는지 나도 잘 모르겠다.

대학에서는 그 정도가 심해졌다. 고등학교 때까지는 학교와 선생님이 만든 규율 속에서 내 시간이 착취당해 왔는데, 타인에 의한 규율이 없어지고 나니 오히려 내가 시간 착취의 주체가 되어 스스로를 완벽하게 착취하기 시작했다.

평일에는 아침 첫 시간부터 수업을 가득 채우고, 수업이 마치고 나면 부리나케 이동해서 과외를 하러 간다. 과외를 하러 가는 길에 허기가 지면 편의점에서 삼각김밥 두 개와 김치 사발면을 허겁지겁 먹고 과외가 끝나자마자 동아리 활동이든, 발표 조 모임이든, 지인들과의 사교모임이든 빼곡히 채워진 일정을 맞추기 위해 다음 약속 장소로 이동했다.

주말에도 늦잠을 자지 못하는 성격이라 아침 일찍 일어나서 아르바이트를 시작하고, 무엇인가 도움되는 일을 찾아 언어교환 모임이나 영자신문 동아리 등을 가입하고 내가 편히 쉴 수 있는 시간을 빈틈없이 차단해야 비로소 마음이 불안해지지 않았다.

스스로가 가해자이자 피해자인 삶의 쳇바퀴가 한치의 오차도 없이 돌아가는 동안 나의 정신적 강박은 더 심해졌고 내 육체는 늘 피곤에 절어 있었다.

돌이켜보면 성실과 근면, 생산성이라는 근대 자본주의의 가치들이 당시 스무 살의 대학생 류재언에게 완벽히 작동되었던 것 같다. '아무리 아파도 학교를 빠지면 안 된다', '성적은 좋지 않더라도 무슨 일이 있어도 개근은 해야 된다'라는 말을 어릴 때부터 수도 없이 들으면서 컸다. 학교의 엄격한 규율을 지키는 과정에서 성실과 근면을 저버리는 일은 죄악이라는 생각이 어린 류재언에게 자리잡으며 그 가치를 절대적인 것으로 내면화한 것 같다.

대개 십 수년간 고착화된 이런 패턴은 결정적 변화의 계기가 마련되지 않으면 바뀌지 않는데, 나에게는 2007년에 결정적 계기가 찾아왔다.

군대를 전역한 뒤인 2007년 유럽으로 교환학생을 갈 수 있는 기회가 주어졌다.

첫 학기는 네덜란드 암스테르담에서, 두 번째 학기는 독일 오스나부르크에서 각각 한 학기를 보내는 일정이었다. 첫 학기를 보낸 암스테르담에서는 긴장감이 상당했다. 외국에 살아 본 경험이 없는 내가 어설픈 영어로 높은 수준의 학교생활을 따라가는 데는 분명한 한계가 있었고, 그 부족함의 간극을 메꾸기 위해서 아등바등 열심히 공부했다. 강의실 밖에서는 매주 열리는 학교 행사와 여행 프로그램, 그리고 틈만 나면 이어지는 교환학생들의 파티로 학기 내내 정신이 없었고, 그룹에서 소외되지 않기 위해서 최선을 다해 따라다녔다. 그렇게 한 학기가 순식간에 지나가버렸다.

암스테르담에서의 한 학기를 마치고, 두 번째 학기를

보낼 독일 오스나브르크로 향했다. 높은 건물을 찾아보기 힘든 오스나브르크 시내를 지나 학교 옆 기숙사 동에 위치한 내 방을 찾아 들어갔다. 임대료가 살인적인 암스테르담에서는 4평 남짓의 기숙사 방에서 지냈지만, 오스나브르크는 두 배 더 넓은 기숙사 방을 절반의 임대료로 사용할 수 있었다.

짐을 풀고 가까운 마트에 가서 필요한 물건을 샀다. 계산대에서 아주 기본적인 영어로 가격을 물어보는데 대답이 없었다. 언어가 통하지 않는다는 사실을 그때 깨달았다. 네덜란드의 수도 암스테르담이 우리나라의 서울역 느낌이라면, 독일의 소도시 오스나브르크는 시골의 작은 간이역 느낌이었다.

짭조름한 햄과 치즈가 잘 구어진 빵 사이에 자리잡은 샌드위치를 먹으며, 침대 하나와 책상 하나, 의자 하나가 놓인 내 방에 앉아 창문 밖 낯선 풍경을 한참이나 바라봤다. 그제서야 나는 작은 안도감을 느꼈다. 그리고 그렇게 사흘을 죽은 듯이 누워 잠만 잤다.

돌이켜보면 그 무렵이 내 인생에 처음으로 찾아온 완전한 번아웃이었다. 그 번아웃은 한 학기 폭풍 같은 시간을 보낸 암스테르담에서의 피로 때문에 찾아온 것은 아니었다. 그것은 지난 25년간의 내 인생에서 켜켜이 쌓인 피로가 모든 것이 낯설고 외로운 타지에서 폭발한 것일지도 모르겠다.

약해 보이고 싶지 않았다. 약해질수록 지칠수록 더 강하게 나를 몰아 부쳐왔던 지난 시간들. 그 시간들 속에 수도 없이 만들어진 생채기가 아무도 나를 알아보지 못하는 유럽의 시골 마을에서 곪아서 터져버린 것이리라.

내게 아무도 관심을 갖지 않는 오스나부르크라는 소도시까지 찾아와 나를 괴롭히는 유일한 사람이 있었으니, 바로 류재언이었다. 내가 좋아하는 음악을 틀어 두고 가만히 누워서 하루를 뒹굴거리며 시간을 보내다가도 문득문득 스스로를 각성시켰다.

'내가 이렇게 나태해도 되나?

내가 이렇게 아무것도 안하고 시간을 허비해도 되나?

내가 이렇게 목적없이 살아도 되나?'

벌떡 일어나 뭔가 더 생산적일 수 없는지 고민하다 지쳐 다시 잠들었던 무수한 날들.

그해 가을과 겨울 오스나부르크에서 내 인생에서 찾아보기 힘들 정도의 비생산적이며 권태로운 시간을 보내며 내가 몸으로 배운 한 가지가 있다.

아무것도 하지 않아도 무사하다는 사실. 내게도 아무것도 하지 않고 하루를 보낼 권리가 있다는 사실. 그런 하루를 보내도 죄책감을 느끼지 않아도 된다는 사실. 조금 덜 생산적이어도 지구에 해를 끼치지 않는다는 사실.

비생산적인 류재언에 대한 죄책감을 떨쳐내는데 3개월 은 족히 걸렸던 것 같다. 언어가 통하지 않아 고립된 유럽의 작은 도시, 더 생산적일 수 없는 상황에 처해져서 모든 이들의 시선으로부터 자유로워지고 나서야 비로소 나는 무엇인가에 골몰하거나 24시간 내내 생산적이지 않아도 지구의 자전 속도에 변화가 없고 공기 속 산소와 이산화탄소의 농도가 달라지지 않는다는 사실을, 그러니까 생산적이지 않아도 아무런 문제가 없다는 사실을 비로소 받아

들였다.

    그해 유럽의 두 학교에서 공부하며 배운 지식 중 기억에 남는 것은 아무것도 없다. 하지만 그 해 유럽에서 나는 아무것도 하지 않고 하루를 보내는 법을 배웠고, 그때의 소중한 깨달음이 이후 내 인생에 두고두고 큰 위안이 되었다.

완전한 휴식에 관하여

몸은 가만히 있는데 머리가 끊임없이 돌아갈 때, 휴가를 와 있는데 신경이 곤두서서 작은 것에도 민감하게 반응할 때, 쉬는 척하고 있지만 실상은 쉬지 못하고 있는 상태가 주는 괴로움의 순간들.

어떻게 하면 온전히 잘 쉴 수 있을까? 아무런 상념 없이 몸과 마음이 가볍고 개운해져서, '아, 충분히 잘 쉬었다'라는 말이 저절로 나오는 그런 휴식은 어떤 순간에 찾아올까?

저녁 때 우리는 보통 혼자였다. 저녁을 소란스럽게 만드는 텔레비전이나 라디오 없이 우리는 브론테 가족이 그랬음직한, 훌륭한 고전들을 들고 불가에 앉았다. 우리 가운데 한 사람이 소리 내어 읽으면 다른 사람은 강낭콩이나 완두콩을 까거나, 스프나 사과 소스를 만들거나, 뜨개질 또는 바느질을 했다. 우리는 톨스토이, 위고, 에머슨, 소로, 셰익스피어, 여러 시인들의 모든 작품들을 읽고 또 읽었다.

– 『아름다운 삶, 사랑 그리고 마무리』 중에서

내가 동경하는 스코트 니어링과 헬렌 니어링 부부가 휴식을 취할 때의 모습을 떠올려 보면, 내가 생각하는 완전한 휴식과 상당 부분 닮아 있다. 나는 가만히 있을 때보다는 무엇인가를 하고 있을 때 온전히 쉬고 있다고 느낀다. 아무것도 하지 않고 가만히 있으면 되려 머릿속이 복잡해지는데, 단순하고 반복적인 행동을 하면 그 행동에 골몰하느라 잡다한 생각이 날아가기 때문이다. 그렇게 잡념이 없어지고 무념무상의 상태가 되었을 때, 나는 비로소 '지금 쉬고 있다. 아주 잘 쉬고 있다'라는 느낌이 든다.

라디오를 켜 두고 밤 운전할 때,

모닥불에 땔감을 올려놓고 한참동안 불멍을 할 때,

스키장 리프트에 앉아 넋 놓고 슬로프를 쳐다볼 때,

맥주를 마시며 내가 좋아하는 축구팀을 응원할 때,

목욕탕에서 온탕과 냉탕을 번갈아 들어갈 때,

주문진 항에 가서 바다를 멍하게 보고 있을 때….

이럴 때 나는 깊은 휴식의 순간을 경험한다. 그러고 보니 나는 육체적인 피로보다 정신적인 피로를 더 크게 느끼나 보다. 육체적으로 너무 피곤하면 가만히 누워 꿈쩍도 안 할텐데, 그것보다는 무엇인가를 하며 잡념 없이 머리가 쉬고 있을 때를 더 좋아하니 말이다. 열심히 일하는 만큼 잘 먹고 잘 쉬어야 하는데, 언제나 '열심히 일하는 만큼 잘 먹고'까지는 되는데, '잘 쉬고'가 어렵다.

이불 킥의 기억

'아, 내가 뭐라고 거기서 주제넘게 그런 말을 했을까. 내가
술에 취해서 그날 실수했나 보다. 진짜 민망해서 카톡도
못 열어 보겠네.'

집에 와서 생각해 보면 한없이 부끄러워지는 순간이 있
다. 낯뜨겁고 손발이 오그라들고 미안하고 창피한 마음에
진짜 이불 속에서 허공을 가르며 '이불 킥'을 수차례 구사
한다. 그럼 뭐 하나. 먼지만 날릴 뿐. 물은 이미 엎질러졌
고 말은 이미 내뱉어졌다.

그런데 그 순간을 냉정하게 따져 보면 단순한 말실수로
치부하기는 힘들다. 안 해도 될 말을 굳이 내뱉어 상대방
에게 상처를 준 것은 분명 실수지만, 평소에 내가 상대를

그렇게 생각하고 있었다는 사실은 부정하기 힘들다. 꽁꽁 숨겨왔던 무의식이 의식의 콘크리트가 얇아진 틈을 뚫고 그 순간 '툭' 하고 입밖으로 터져 나온 것이다.

말은 빙산의 일각일 뿐이다. 겉으로 드러나는 빙산 밑에 숨겨진 거대한 빙하 덩어리는 말을 지배하는 생각과 무의식의 영역이다. 그 사람에 대한 생각 자체를 바꾸지 않는 이상, 이런 일은 어떤 방식으로든 다시 일어날 수 있다. 엄밀히 말하면 이불 킥의 순간들은, 대부분 예견된 말실수인 것이다.

내 말에는 평소 생각이 그대로 드러난다. 내 말투에는 내 태도와 내 삶의 결이 그대로 묻어난다. 평소 좋은 생각을 해야 좋은 말이 나온다. 일상에서 정리된 사고를 해야, 정제된 말이 나올 수 있다.

말은 한 사람의 생각과 태도와 삶의 숨결이 묻어나는 인생의 지문이다. 우리는 그 사람의 말로 그 사람을 판단하고 규정한다. 그렇게 내가 뱉은 말은 내 운명에 결정적 영향을 미친다.

어떤 말을 하며 살아갈 것인가?

어떤 운명을 만들어갈 것인가?

그런 관계에 집착하지 않아도 잘 살 수 있다

'어쩌겠어. 그냥 참고 말자.'

또 다시 꾹 참는다. 나만 참으면 괜찮을 거라는 착각. 오늘도 그에게 친절한 태도와 상냥한 웃음을 유지한다.

그런 하루를 겪은 날이면 나는 안다. 나를 아프게 만든 사람에게 괜찮은 척하는 내가, 사실 하나도 괜찮지 않다는 것을.

이런 순간들은 반복되고, 해소되지 않는 부정적인 감정과 화가 마음에 쌓인다. 관계는 점점 더 불편해지며, 본능적으로 상대를 피하게 된다. 결국 내가 참는다고 해서 괜찮아지는 것은 아무것도 없는데, 나는 괜찮은 척하며 또 하루를 살아간다. 그렇게 안 괜찮은 하루가 자꾸 쌓여간다.

나만 참으면 괜찮다는 착각은 어디에서 비롯되는가? 많은 경우에 있어서 타인에게 부정적인 감정을 표현하는 게 불편해서 참고 만다.

그러면 왜 타인에게 내 감정을 솔직하게 말하지 못하는가? 그렇게 하면 관계가 단절되거나 악화될까 두려워서인 경우가 많다. 그러면 이렇게 생각을 바꿔보면 어떨까.

부정적인 감정을 표현해도 관계가 나빠지지 않을 수 있다.

아니, 사실 더 나빠질 것도 없는 관계가 대부분이다. 오히려 내 감정을 제 때 솔직하게 이야기해야 비정상의 관계가 정상의 관계로 돌아올 수 있는 여지가 생긴다. 그렇게 정상적인 감정을 표현해도 단절되는 관계라면 어차피 그 관계는 비정상적인 상태였기 때문에 어쩔 수 없다고 생각하자. 비정상적인 관계는 나까지 비정상적이게 만든다. 그런 관계에 집착하지 않아도 잘 살 수 있다.

불편한 말을 할 수 있는 내 모습을, 부정적인 감정을 표현하는 내 모습을 연습해 보자.

거울을 보고 연습하고, 실전에도 적용해보자. 학교에서 바른 말, 예쁜 말 하는 법만 배웠지, 나를 아프게 하는 사람들에게 내 부정적인 감정을 솔직하게 표현하는 방법을 배워본 적이 없다.

그렇다면 스스로 연습하자. 그렇게 연습하고, 적용해본 뒤 수차례 검증을 통해 정제된 나만의 문장들을 수집해보자. 그렇게 나도, 부정적인 감정을 표현할 수 있는 사람이 되어 보자.

주의. 이 때 시시비비를 따지지는 말은 별 도움이 되지 않는다. 시시비비를 가리는 말은 대부분 상대를 방어적으로 만들 뿐이다. 그것보다는 상대방의 행동 때문에 느껴지는 내 감정을 솔직하게 이야기하는 편을 권한다.

"나는 당신이 ○○행동을 할 때 무척 힘듭니다."

이런 식의 대화는 공격적이지 않다. 그러면서도 내 감정을 전달한다. 그리고 상대가 자신의 행동을 인식하게 만든다. 사실 이것으로 절반은 성공이다. 변화의 시작은 인식에서 비롯되기 때문이다. 대부분의 상대는 자기 행동이 문제가 된다는 것을, 그리고 자기 때문에 상대가 힘들어한다는 사실조차 모르는 경우가 많다.

내 성격, 내 위치, 내 캐릭터, 내 대화 습관에 맞는 부정적 감정의 표현 방법을 고민해 보자. 그리고 연습해 보자. 그렇게 언제 어떻게 접근해서 어떤 문장을 활용하는 것이 나의 부정적인 감정을 가장 잘 전달할 수 있는 방법인지 복기해 보자.

나도 내 감정을 표현하고 살 수 있다.
그래도 괜찮다.
그렇게 해서 멀어지면 어쩔 수 없다.
그런 관계에 집착하지 않아도 잘 살 수 있다.

스스로와의 대화

모든 대화는 스스로와의 대화로부터 시작된다. 나의 일상, 나의 가치, 나의 존재를 깎아내리고 내 안에 부정적 편견과 못난 선입견으로 스스로를 가득 채우는 순간, 상대방과 나누는 대화는 필연적 실패로 귀결하게 된다.

내 과거를 부정하고, 내 미래를 참담하게 바라보고 자신과 대화를 거절하는 현재의 나와는 그 어떤 사람도 즐거운 대화를 나눌 수 없다.

만일 그런 사람이 있다면, 나를 배려해서 그런 척을 하는 고마운 사람일 가능성이 높다.

자신의 가치를 인정하고 스스로에게 더 친절하기 바란다. 그러기 위해서 스스로와 깊은 대화를 나누어야 하고,

이를 통해 궁극적으로는 나를 더 잘 알아야 한다.

내가 좋아하는 것, 내가 싫어하는 것, 나의 감정, 나의 몸 상태, 나의 습관, 강점과 약점, 내가 행복해하는 순간, 내가 불행해하는 순간, 나를 망치는 습관, 내게 해가 되는 사람, 내가 이어가고 싶은 인연, 내가 그려가고 싶은 미래에 대해서 잘 알아야 한다.

이렇게 스스로와 속 깊은 대화를 나누는 사람들은, 현재 자신의 상태를 객관적으로 인지한다. 그리고 약점을 채우고 강점을 강화하며 미래의 자신이 현재의 나보다 더 좋은 사람이 될 수 있다고 믿는다. 이런 이들은 타인에게도 좋은 기운을 나눌 수 있는 힘이 있다.

그렇게 좋은 사람들은 좋은 사람이 가진 에너지에 끌린다. 마치 중력에 이끌리듯 우리는 본능적으로 나와 결이 맞고 좋은 에너지를 품고 좋은 생각을 하는 사람들에게 끌린다. 그런 사람과 나누는 대화는 윤기가 흐르고 이들과 함께하는 시간은 보통의 시간보다 몇 곱절 빨리 간다.

증인신문

어느 재판정의 증인신문 현장. 판사 A가 증인에게 이것저
것을 물어본다.

"증인, 지난 ○월에 피고인 ○○와 함께 ○○시 ○○에
서 ○○행동을 한 사실이 있지요?"

판사는 마치 모든 것을 다 알고 있는 것처럼 꼬치꼬치
캐물었고, 증인은 이에 대해서 "예" 또는 "아니오"로 간단
히 대답해 나갔다. 판사는 거침 없어 보였고, 증인도 크게
막히는 것 없이 대답했다. 양쪽 모두 자신의 생각을 이야
기했고, 증인신문을 통해 새롭게 드러난 건 딱히 없었다.

다른 재판정의 증인신문 현장. 판사 B는 증인에게 이렇

게 물었다.

"증인, 혹시 지난 ○○월에 피고인 ○○와 함께 ○○행
동을 한 사실이 있는데, 혹시 그때 그런 행동을 한 특별한
이유가 있었나요?"

순간 증인은 당황한 기색을 보였다. 그러더니 고개를
돌려 변호사와 눈빛을 주고받았다. 증인신문 전 변호사와
수차례 사실 관계에 대해 확인을 했을 터. 보아 하니 이런
방식의 질문은 미처 예상하지 못했던 모양이다. 판사는
그 상황을 조용히 지켜보고 있었다.

판사 A는 경험이 적은 판사였다. 이제 막 단독 판사로
재판을 진행하게 되었는지 자신감이 넘쳐 보였지만, 변호
사의 입장에서는 다소 위험해 보였다. 사건에 대해 본인이
미리 답을 정해 놓고 증인에게 질문했고, 질문의 형태도
주로 자신이 알고 있는 사실 관계를 확인하는 수준에 머
물렀다. 만약 증인이 판사의 신문 사항을 부정하더라도,
그 대답조차 부정할 듯한 느낌이 들었다.

판사 B는 경력 20년 이상의 합의부 부장 판사였다. 증인의 이야기를 잘 들어주고, 증인에게도 하고 싶은 이야기를 충분히 하도록 했다. 사실 관계를 확인하기 위한 질문도 있었지만, 중간중간 증인이 한 행동의 이유를 묻는 방식의 질문이 섞여 있었다.

사실 이런 질문, 즉 "어떤 이유로 그런 행동을 했나요?"와 같이, '왜'를 묻는 질문이 증인과 변호사들을 가장 긴장하게 만드는 질문이다. 사실 관계에 대해서는 증인과 변호사가 증인 신문 전 실제 일어난 사실을 복기하면서 대부분 준비가 되기에 어렵지 않게 대답할 수 있다.

그런데 "왜?"라는 질문을 받게 되면 증인은 예상하지 못한 질문에 당황하게 되고, 변호사도 증인이 괜한 이야기를 하지 않을까 조마조마해진다. 이런 질문은 사건을 다면적으로 바라볼 수 있게 하고, 행동의 동기와 당시의 심리 상태를 드러나게 하는 결정적인 질문일 때가 많다.

우리나라 사람들은 이유를 물어보는 질문에 유독 약하다. 어릴 때부터 객관식과 단답형, 정답이 있는 문제에 길들여져 왔기에, 자기 생각을 묻는 서술형 질문은 우리를 불편하게 만든다. 사전에 주입되지 않는 질문, 정답이 없는 질문 패턴은 익숙하지 않은 것이다.

그런데 이런 패턴은 우리 삶의 모습과도 연관되어 있다. 대학은 가야지, 취직은 해야지, 결혼은 해야지, 아이는 낳아야지, 차는 있어야지, 집은 사야지, 승진은 해야지, 골프는 쳐야지, 명품 가방 하나는 있어야지….

그렇게 나열된 단답형의 정답들, 그리고 이것을 성취했는지 못했는지를 판사 A처럼 캐묻는 사회 곳곳의 자칭 판사들. 여럿을 줄지어 세워 두고 오직 달성 또는 미달성 여부만 기계적으로 확인하는 선형의 운동장 속에 오늘도 우리는 내 자아를 끼워 넣는다. 그 선형의 트랙이 나에게 맞는지를 생각하고 있으면 이미 뒤처질 것 같아서, 트랙에 서자마자 허겁지겁 남들 뛰는 방향으로 따라 뛰기 시작한다.

그런 와중에도, 상황을 가만히 들여다보면서 자신의 모습을 진지하게 고민하는 사람들이 있다. 나는 지금 왜 여기에 있는가? 이들은 지금 어디로 향하고 있는가? 나는 지금 왜 이들과 함께 뛰어야 하는가? 나는 어디로 향할 것인가?

그렇게 스스로에게 '왜'를 묻는 사람들. 잠시 선형 트랙을 벗어나, 원반 던지기나 창던지기, 멀리뛰기나 높이뛰기를 하는 것도 방법일 수 있겠다고 생각하는 사람들. 그렇게 방황과 모색의 시간을 받아들이고, 묵묵히 자기만의 속도로 새로운 길을 찾아 나서는 사람들. 그런 사람들이 더 많아져야 우리의 삶이 덜 숨가쁘고, 길을 잃지 않으며, 더 다채로워질 수 있다고 생각한다.

내가 서 있는 땅 밑에 보물이 있다

"내 부모와 내 백그라운드가 다르면, 지금 나는 달라졌을까?"

2차로 간 노포집. 지인과 둘이서 소주를 마시는데 그의 입에서 툭 하고 튀어나온 말. 소주잔을 부딪히고 각자 차가운 소주를 털어 넣는데, 그날따라 그의 말이 유독 뼈아프게 다가왔다.

속이 문드러지는 그의 마음. 스스로 한없이 초라해 보이는데, 주위는 바위처럼 굳건해 보일 때, 어떻게 뭘 해도 내가 가진 걸로는 아무것도 안 될 것 같을 때, 내가 할 수 있는 제일 못난 그 말이 그의 입에서 내뱉어졌다. 나는 그의 눈을 보며 이야기했다.

"우리, 무슨 일이 있어도 그렇게 생각하지는 말자."

내게 최대한의 호의를 베푼 사람들을 탓하지는 말자. 그 사람들은 내가 디디고 있는 땅을 만들어준 사람들이다. 그 땅이 있어 내가 지금 링 위에서 경쟁이라도 할 수 있음을 잊지 말자. 내 부모와 내 형제, 내 고향, 내 친구들. 나를 둘러싸고 오늘의 나를 만들어준 뿌리 같은 존재들. 비참한 기분에 휩싸이고 지금의 내 모습이 싫어도 내 과거를 부정하지 말자. 자기 삶의 뿌리를 부정하고 건강하게 자라날 나무는 없다.

마음이 힘들 때, 내가 나약해질 때 꼭 그 병이 찾아온다. 내게 주어진 선물들, 한없이 고마운 그 존재들을 삐뚤게 바라보고 모조리 부정하는 못난이병.

내가 서 있는 땅 밑에 보물이 있다.

힘들 때 스스로 항상 되뇌는 말. 내가 서 있는 땅 밑에 보물이 있다.

내가 디딘 이 땅이 지금의 나를 만들었다.

부디 내게 주어진 선물 같은 존재들을 긍정하며 살아갈 수 있길.

6

추억은 더 나은 사람을 꿈꾸게 한다

우리들의 몬트리올

2002년 겨울, 그녀에게 고백을 했다.

갑작스러운 고백을 받은 그녀는 목포로 친구와 여행을 다녀온다는 말만 남기고 잠수를 탔다. 속이 새까맣게 타들어갔던 그 겨울 밤, 고백한 지 나흘째 되던 날 새벽녘에 문자 한 통이 왔다. 청량리역에 도착했는데 내일 시간이 되면 대학로에 위치한 까페에서 보자는 문자였다.

'소풍'이라는 대학로의 작은 까페였다. 그녀는 한참 나를 바라보더니 조용히 입을 뗐다.

"이 감정이 무엇인지 아직 잘은 모르겠지만 아마 나도 너를 좋아하는 것 같아. 그런데 내가 두 달 뒤에 캐나다 몬트리올로 유학을 가기로 되어 있어. 최소 4~5년 정도는 몬트리올에서 공부하게 될 거 같아."

2003년, 나는 몬트리올에 갔다. 연인이 된 지 2개월 만에 지구 반대편으로 떠난 그녀를 보기 위해서. 그로부터 6년간, 그녀가 몬트리올에서 대학을 진학해 졸업할 때까지 나는 거의 매해 몬트리올에 갔다.

내가 한 학기 동안 과외를 해서 모은 돈으로는 150만 원에 달하는 항공료를 지불하기에도 빠듯했다. 나머지 한 달간 몬트리올에 같이 있으면서 함께 쓸 용돈은 그녀가 캐나다에서 틈틈이 아르바이트를 해서 모은 돈으로 충당했다.

한국에서 했던 전공과는 전혀 관련이 없던 '미생물학'과 '면역학'이라는 새로운 전공을 택했던 그녀는 유독 공부량이 많았던 탓에 아르바이트를 할 시간이 사실상 많지는 않았다. 그 바쁜 시간을 쪼개어 틈틈이 아르바이트를 했으니, 한 학기 동안 아르바이트를 했어도 모인 돈이 많을 리 없었다.

가난한 대학생이었다. 커피 전문점 팀홀튼의 치킨 수프와 베이글, 써브웨이의 샌드위치, 집 앞 인도 아저씨가 운영하는 1.99달러 피자가 우리의 주식이었다.

너무 가고 싶어 수없이 기웃거리며 지나쳤던 올드포트 거리의 근사한 레스토랑들은 한 달 내내 아끼고 아껴서 마련한 돈으로 한국을 떠나기 직전에 마지막 저녁을 함께 했던 곳이다. 그래서 우리에게 몬트리올에서 가장 아름다운 올드포트 거리는 행복했던 순간보다는 슬픈 기억이 먼저 떠오르는 곳이다.

몬트리올은 우리에게 그런 곳이다. 2003년부터 2008년까지 그녀가 머물렀던 곳. 그녀를 만나기 위해 반드시 와야만 했던 곳. 그녀의 손을 꼭 잡고 누구도 신경 쓰지 않고 거닐고 또 거닐었던 곳. 6개월 만에 만나 미친듯이 끌어안고 매번 공항에서 눈시울이 시뻘게져 펑펑 울며 헤어졌던 곳. 애정과 슬픔이 짙게 서려 있는 곳. 몬트리올은 우리에게 그런 곳이다.

그렇게 여러 해가 지난 후, 다시 그녀의 손을 잡고 우리들의 몬트리올을 거닐었다. 돌아온 몬트리올에 있는 내 내 복잡한 감정들이 날 따라다녔다. 매해 너무 힘들었고, 한치 앞도 내다볼 수 없었던 길고 긴 터널을 지나, 10여 년 전 우리가 거닐었던 곳을, 이번엔 그녀뿐만 아니라 그녀와 나의 딸 선율이의 작은 손을 꼭 잡고 함께 걷는다는 사실이 잘 실감되지 않았다.

돌이켜 보면 지난 십 수 년간 거의 변하지 않았던 몬트리올처럼 그녀도 내게 참 한결같은 사람이었다.

일 벌리기 좋아하는 남자 곁에서 그 일이 실제로 가능하게 조용히 도와주는 사람. 사람 만나기 좋아하는 남자 곁에서 인간관계에서 놓치고 있던 부분을 이야기해 주는 사람. 군대에서, 변호사 시험을 준비하며, 사회생활을 하며, 내가 조급하고 불안감을 느낄 때마다, 내 손을 잡고 내 눈을 바라보기만 해도 나를 차분하게 만드는 힘이 있는 사람. 한결같은 그녀와 함께 다시 우리들의 몬트리올을 찾을 수 있어서 좋았다.

짧았던 타임머신 여행을 뒤로 하고 그녀는 선율이와 한국으로 돌아가고, 나는 오랫동안 기다려온 일을 위해 미국으로 향했다.

이날은 처음으로 몬트리올 공항에서 눈물 흘리지 않고 이별했지만, 우리들의 몬트리올이 심하게 그리웠던 날이다.

멸치 국수

2013년 9월 7일, 성북동 깊은 산 어느 장소에서 서한이와 류재언은 결혼을 했다. 2002년 9월에 처음 만나 2002년 12월부터 연인이 되었으니, 만난 지 11년 만에 연인이 부부가 되는 순간이었다.

아내는 오랫동안 그 순간을 기다려 왔고, 머릿속에 자신이 원하는 결혼식을 그려 왔다. 아내가 야외 결혼식을 원해서 성북동 산 속에 위치한 한 때 미술관이었던 공간을 빌리기로 했다. 웨딩드레스는 결혼식 몇 개월 전 시드니 배낭여행 중 길가에 있는 웨딩샵에서 당시 사회 초년생으로서는 거금이었던 1,000달러를 주고 미리 사두었다.

야외 결혼식의 최대 관건은 날씨. 그런데 하필 당시 태풍 '매미(MAEMI)'가 엄청난 기세로 한반도를 뒤덮었고, 우리는 플랜 B를 가동하기 위해 결혼식장의 지하 공간까지 알아봤다. 다행히 태풍은 결혼식 일주일 전 일본으로 방향을 틀어 빠져나갔고, 태풍이 지나간 뒤 맑고 높은 하늘과 선선한 바람이 성북동 뒷산을 감싸고 있었다.

고향이 서울이 아닌 신랑과 신부의 결혼식인지라, 멀리서 올라온 하객들이 많았다. 부산에서, 진주에서, 대구에서, 안동에서, 군산에서 하객분들이 모였고, 아내 대학 동기들은 지구 반대편 몬트리올에서 날아와 우리 결혼식을 함께해 주었다.

가족, 친구, 동료, 은사님까지 우리 둘을 축복하기 위해 모인 고마운 이들이 내뿜는 에너지가 성북동 전체를 가득 채운 느낌이었다. 장인어른이 푸른색 도포를 입고 나타나 우리 둘의 성혼을 선언해 주셨다.

장인어른은 특유의 여유와 장난기 가득한 미소를 띠고, 한국어로, 영어로, 그리고 불어로 성혼 선언을 하셨는데, 장인어른의 장난끼를 익히 아는 아내의 몬트리올 친구들은 불어로 성혼 선언을 할 때 킥킥거리며 그 광경을 지켜보았다. 그렇게 성혼이 선언되고 모두가 온 마음으로 축복의 박수를 쳐 주었다.

결혼식 1부를 마치고, 2부에는 식사와 함께 현악기 4중주 공연과 축가, 그리고 나와 아내의 수줍은 듀엣송도 준비되어 있었다. 우리는 제이슨 므라즈의 '럭키'라는 노래를 함께 불렀다. 그 날 노래 가사 중 이 부분은 아직도 내 마음을 가장 잘 표현한 문장이다.

Lucky I'm in love with my best friend.

인생 최고의 친구와 사랑에 빠져 가정을 꾸리게 되어 얼마나 큰 행운인지!

강렬하게 반짝이던 하루가 그렇게 끝이 났다.

오후 늦게 시작해서 밤늦게까지 계속된 그날의 여운이 지금도 느껴지는 듯하다. 결혼식을 모두 마친 밤 9시 무렵, 새벽부터 온 신경을 쏟느라 둘 다 하루 종일 아무것도 먹지 못했다는 사실을 깨달았다. 어디서 뭘 먹을까 하다가 2002년 가을에 처음 만난 대학로로 가기로 했다.

차를 몰고 대학로로 가서, 턱시도와 드레스를 그대로 입고 거리를 거닐었다. 사람들이 쳐다보았는지 어땠는지 사실 기억나진 않는다. 그날은 아내와 나만 생각했던 그런 날이었다. 그렇게 잠시 거닐다 허기진 배를 부여잡고, 우리가 가장 좋아하는 곳으로 갔다.

대학로 골목길 한 켠에 일흔에 가까운 노모와 딸이 함께 운영하는 포장마차 멸치 국수집. 음식이 깔끔하고 가격도 저렴해서 학창 시절부터 아내와 내가 너무 좋아하는 곳이었다.

"어머니, 저희 결혼했습니다."

맨날 추리닝에 모자를 푹 눌러쓰고 야식을 먹으러 오던 두 사람이, 토요일 밤에 드레스와 턱시도를 입고 나타나니 국수집 할머니 눈이 휘둥그레졌다.

"오늘 둘이 결혼했다고?"
"네, 어머니. 저희 결혼했어요! 결혼해서 첫 끼를 여기서 먹게 되네요."

아내와 내가 부부로서 먹은 첫 끼는 세상에서 제일 맛있는 멸치 국수였다. 지금 생각하니 보통 결혼식장에서 잔치국수를 먹는데, 우리는 정말 가장 좋아하는 멸치 국수를 잔칫날 저녁에 오붓하게 함께 먹었던 것이다.

그렇게 길고 길었던 그날이 지나갔다. 지금도 대학로 어딘가를 거닐 때, 멸치 국수를 먹을 때, 가을 태풍이 올라올 때, 제이슨 므라즈의 〈럭키〉가 라디오에서 들릴 때, 그날의 기억이 떠오르곤 한다.

2023년 9월 7일이면 결혼한 지 10년이 된다. 그리고 그날 나는 아내에게 2013년부터 효력이 발생된 10년 기한의 결혼 계약을 앞으로 10년간 다시 연장할 의사가 있는지 묻기로 되어 있다.

나에게는 '계약 갱신 청구권'이 있다. 하지만 아내에게는 '계약 갱신 거절권'이 있다. 결국 이 결혼 계약의 갱신 합의는 아내의 수락 여부에 달렸다.

만약 아내가 우리의 결혼 계약 갱신에 동의한다면, 그날 저녁, 나는 아내와 오붓하게 멸치 국수를 먹을 생각이다. 그리고 우리들의 잔치 제2막이 시작되는 날은, 대학로에서 첫 잔치국수를 먹을 때에는 없었던 게스트 세 명도 초대할 것이다.

류선율

류선웅

류이도

우리 둘의 잔치 제2막에 기꺼이 함께해 줄 것이라 믿는 소중한 세 명의 게스트들과 1년 뒤 흡족한 마음으로 멸치 국수를 먹을 수 있길 기대해 본다.

추신. 결혼 9주년에 아내와 저녁을 함께한 뒤, '계약 갱신을 위해 남은 1년은 더 잘해야겠다'고 각성하며 적어본 글. 2023년 9월 7일에 웃을 수 있길 바란다.

복리

2002년 6월은 우리에게 마법 같은 시간이었다. 6월 4일 한일 월드컵 폴란드전을 시작으로, 우리나라가 월드컵에서 무려 7경기를 하게 될 줄 아무도 몰랐다.

매 경기마다 나는 대학로로 뛰쳐나갔다. 대학시절 항상 붙어 다니던 단짝친구 동호, 상환이와 함께. 우리뿐 아니라 온 국민이 빨간색 옷을 입고 거리로 뛰쳐나가 "따따따 따따 대~한~민~국~~!"을 한 마음으로 목이 쉬어라 외쳐 댔다.

2002년 6월 13일. 박지성 선수가 그림 같은 결승골을 넣은 역사적인 포르투갈 전 하루 전날.

우리 셋은 마침 지방 선거 날이라 아침 일찍 투표를 하고, 왠지 기말고사를 준비해야 될 거 같은 압박감을 가지고 도서관 열람실 한 켠을 차지했지만, 사실 아무도 공부를 하지 않았다.

마음은 이미 월드컵이라는 콩밭에 가 있었고, 우리의 관심은 '내일 포르투갈 전에서 사상 최초로 대한민국이 월드컵 16강에 진출하느냐', '내일은 어디에서 몇 시부터 길거리 응원을 나갈까'에 집중돼 있었다.

그 무렵 우리가 콩밭을 메며 사정없이 흔들리고 있을 때, 그 와중에도 흔들림 없이 도서관에서 공부를 하는 몇몇 동기들이 있었다. 우리는 그들을 향해, "진짜 지독한 놈들이야 아주. 어떻게 월드컵 기간에 저렇게 공부를 하냐. 이런 때는 다 같이 공부 안 하는게 상도의지. 쟤들이 사람인가"라고 말하며 불안한 마음을 표출했지만, 그렇게 말하는 스스로가 루저들의 못난 변명임을 알고 있었다.

결국 우리 셋은 열람실을 비우고 대학로로 나갔다. 그렇게 걷고 있는데 갑자기 동호가 이렇게 말하는 게 아닌가.

"친구들아, 사실 오늘 내 생일이다."
"아, 진짜? 미역국은 먹었나?"

"아니, 미역국은 무슨 미역국이고. 미역국 먹을 데가 어디있노? 여기에."

동호는 고향이 통영이었다. 타지 생활을 하던 대학생들이 생일에 미역국을 챙겨 먹기는 쉽지 않았다.

"에이, 그래도 생일날 미역국은 먹자."

나는 상환이와 눈앞에 보이는 마로니에 공원 편의점으로 동호를 데리고 들어갔다.

노란색의 오뚜기 3분 미역국이 눈에 보였고, 미역국과 햇반 하나를 들고 계산한 다음, 미역국 봉지에 뜨거운 물을 넣고 밥을 미역국에 말았다.

그리고 둘은 동호가 미역국 먹는 모습을 조용히 바라보았다.

"이렇게라도 미역국 먹어서 좋네. 동호야, 생일 축하한다."

"고맙다. 생각지도 못했는데…."

인생에서 가장 가난한 시기에 만난 우리 셋은 아직도 틈만 나면 만난다. 지금은 셋이 모이면 셋이 아니라 열네 명의 대가족이 함께 만난다. 나와 동호는 아이가 각각 셋이고, 상환이는 아이가 둘이니, 가족들과 함께 주말에 만나면 셋이 아니라 열네 명의 대가족이 모이는 것이다.

그렇게 만나 같이 저녁을 먹으며 이야기를 나누면 항상 그때 마로니에 공원에서 동호 생일날 미역국 먹던 이야기가 나온다. 그 추억을 안주로 우리는 한바탕 크게 웃고, 그 이야기를 수번 들었을 아내들도 처음 들은 듯 고맙게 웃어 주며, 이제는 아이들까지 옆에 와서 "엄마, 아빠랑 삼촌들이 진짜 그랬어?"라고 묻기도 한다.

그 해 스무 살이었던 우리는 어느새 마흔 살이 넘었다. 다들 성실하고 열심히 살아온 덕분에 가정을 꾸리고 토끼 같은 자식들과 현명한 아내와 함께 부끄럽지 않은 삶을 살고 있다.

가끔 그런 생각을 한다. 인생의 절반을 함께 한 친구들과 이렇게 시간 여행을 할 수 있는 추억의 연결 고리를 하나씩 쌓아가는 것이 나이를 먹는 묘미라고. 그리고 함께 나이를 먹으며 적금 붓듯 쌓아가는 '추억 통장'에는 복리의 마법이 적용된다고.

그때의 추억을 함께 만나서 이야기하면서, 또 다른 추억이 생기고, 그러면서 점점 추억의 농도가 짙어지고 가짓수가 방울방울 많아지는 추억이라는 자본에 적용되는 복리의 마법 말이다. 그래서 나는 친구들에게 항상 이야기한다.

"친구들아, 건강하게 오래 보자."

우리 아이들이 대학을 가고, 우리가 일흔이 되고, 여든이 되고, 아흔이 되어도 우리 셋이 처음 만난 2002년의 이야기를 나눌 텐데, 그때까지 건강하게 오래 보면서 추억의 복리를 잔뜩 누려 보자.

스무 살, 그해 겨울의 태백산

"인간이 달 위를 처음 걸었던 것은 그해 여름이었다. 그
때 나는 앞길이 구만리 같은 젊은이였지만, 어쩐지 이제
부터는 미래가 없을 거라는 생각이 들었다. 나는 위태위
태한 삶을 살고 싶었다. 갈 수 있는 데까지 가본 다음, 거
기에 이르렀을 때 무슨 일이 벌어지는지 보고 싶었다."
- 폴 오스터 『달의 궁전』

내게는 2002년의 초겨울이 이와 같은 심정이었다. 그해
나는 외로웠고 불안했고 낯설었다. 오랜 시간 꿈꿔왔던
대학생이 되었지만, 대학의 낭만은 입학 후 반 년만에 현
실로 다가왔고, 서울생활이다 월드컵이다 해서 들떴던 마
음은 차츰 식어 그 자리에 갈증과 공허함만 남아 있었다.
먼 곳. 그냥 아주 먼 곳으로 가고 싶었다. 한 번도 가보

지 못했고 연고도 없는 그런 곳으로. 그 시절 읽고 또 읽었던 전혜린의 수필집 『그리고 아무 말도 하지 않았다』에서 나오는 '먼 곳에의 그리움'이 온몸의 세포 말단까지 퍼지던 무렵이었다.

그해 11월의 토요일 저녁, 혼자 기숙사에서 뒹굴거리다가 벌떡 일어나서 지금 당장 떠날 수 있는 가장 멀고 낯선 목적지가 어딘지 찾기 시작했다. 청량리 역에서 밤 늦게 출발해서 태백 역으로 가는 밤 기차가 눈에 들어왔다. 밤 11시 넘어 출발해서 새벽 세 시에 도착하는 심야 열차였다.

그렇게 나는 태백행 심야 열차에 몸을 실었다. 단출한 가방에 넣어 온 CD 플레이어를 귀에 꽂고 몇 시간 동안 조는 둥 마는 둥 하며 흔들리는 기차를 타고 태백으로 향했다. 다음 날 새벽 세 시 즈음, 나는 세상에서 가장 낯선 곳에 홀로 서 있었다. 다른 이들은 삼삼오오 무리를 지어 어디론가 향했다.

생각보다 밤이 너무 깊고 추웠다. 일단 허름한 태백역 역사에 들어가 몸을 녹였다. 지금 당장은 이동할 수 없다 생각했기에 일단 쪼그리고 앉아서 눈을 감고 우두커니 한참을 버텼다. 그렇게 얼마의 시간이 지나고, '태백산으로 가야겠다'라는 생각이 들어 택시를 타고 태백산국립공원 입구로 향했다.

새벽 4시가 조금 지난 시간, 나는 태백산 입구에 혼자 서 있었다. 아직 동이 트지 않았고, 칠흑 같은 어둠이 감싸는 곳이었다. 그렇게 우두커니 서 있기에는 사실 너무 추웠다. 일단 걷자고 생각했다. 길을 밝힐 손전등 하나 준비하지 않고, 제대로 된 겉옷이나 등산화도 없이 스무 살의 나는 태백산을 오르기 시작했다. 한 30분 즈음을 더 듬거리며 올라갔는데도, 아무도 없었고 아무것도 보이지 않았다.

'아. 이러다가 길을 잃고 얼어 죽을 수도 있겠다.'

갑자기 커다란 공포가 엄습해 오기 시작했다. 두려움 반, 기대 반 쫓기듯 올라가던 그 길을 멈추고, 머리를 들어 하늘을 올려보았다.
인생에서 가장 많은 별을 본 것은 바로 그 순간이었다.

내 머리 위로 온 하늘에 별이 쏟아져 내렸다. 그 칠흑 같은 어둠의 한 가운데, 먼 곳 시베리아에서부터 불어왔을 것 같은 매서운 칼 바람을 맞으며, 태백산의 어딘가에서 나는 그렇게 한참 동안 별이 쏟아지는 밤하늘을 바라보았다.

묵직한 공포감이 온몸을 엄습함을 느끼며, 역설적으로 나는 거대하고 묘한 아름다움을 대면하고 있었다. 지금 돌이켜 보니 내 인생의 스무 살이 바로 그랬다. 목적지를 잃고 방황하며 허기지고 외롭지만, 시리도록 아름다운 생의 한 가운데를 지나고 있는 박제하고 싶은 찰나의 순간.

정신을 차리고 일단 살아야겠다는 생각이 들었다. 제대로 된 등산 장비를 갖춘 일행에 합류하지 않으면 위험할 수 있겠다는 생각이 들었다. 쉼없이 제자리걸음을 하며 몸에 열을 내면서, 누군가가 이쪽으로 다가와 주길 간절하게 기다렸다.

그렇게 잠시 후, 선명한 불빛과 함께 사람 목소리가 들렸다. 저쪽에서 한 무리의 등산객들이 가까이로 왔다. 손전등으로 비춘 불빛과 커다란 배낭을 맨 4~5명의 일행이었다. 무슨 선택을 해도 지금의 내 상태보다는 나으리라 생각하고, 그 일행에 다가가 말을 걸었다.

"저기 죄송한데, 제가 혼자 태백산에 왔는데, 아무 준비도 없이 올라와서 지금 너무 춥고 어떻게 해야 할지 모르겠거든요. 혹시 괜찮으시면 제가 같이 따라 올라가도 될까요?"

"어휴, 겨울에는 이렇게 준비 없이 야간 산행하면 진짜 큰일 나요, 큰일 나. 우리는 정상까지 올라갈 건데, 마실 거도 있고 음식도 있고 여분 옷도 있으니 괜찮으면 같이 올라가요. 혼자 가면 너무 위험해요. 큰일 나, 진짜."

막다른 골목에 몰려서, 지푸라기라도 잡는 절박한 심정으로 말을 건넸는데, 신기하게도 돌아오는 상대방의 말에 온기가 가득했다. 컴컴한 길을 밝게 비추고, 길을 안내하고 먹을 음식을 준다는 이들이 내 앞에 나타난 것이다. 그것도 아무런 조건 없이 말이다.

그렇게 만난 일행을 따라 태백산 정상까지 함께 올라갔다. 중간에 형들이 따뜻한 차도 내려 주고, 정상에서는 누나들이 컵라면도 끓여 주었다. 형 누나들은 당시 한참 흥했던 온라인 '다음 까페'에서 활동하던 레포츠 동호회 분들이었다. 그 분들의 대가 없는 호의 덕분에, 그날 나는 태백산 정상까지 무사히 다녀올 수 있었다.

지금도 가끔 별이 쏟아지는 밤을 마주하면, 스무 살의 그해 태백산이 떠오른다. 그날 이후로 나는 삶의 막다른 골목에서 칠흑 같은 어둠을 마주해도, 이 막다른 길을 어떻게든 빠져나갈 수 있는 로터리에 닿을 수 있음을, 그리고 그 로터리를 찾는 과정에서 혼자가 아니라 불빛을 들고 내게 먼저 손을 내미는 귀인을 만날 수 있음을 긍정하는 낙천주의가 마음에 싹텄던 것 같다.

내 인생에 딱 하루 만난, 고마운 형 누나들이 어딘가에서 행복하게 잘 살고 있길. 언젠가 나도 길 잃고 방황하는 누군가에게 형 누나들이 그랬던 것처럼 아무 조건 없이 온기를 담은 말을 건넬 수 있길. 그리고 길 위에서 방황하는 모든 젊은이들에게 축복의 빛이 함께하기를 기도한다.

가끔 그런 날이 있지 않나

아내와 선율이, 선웅이, 이도까지 우리 다섯 명은 빨간색 옷으로 드레스코드를 맞춰 입고, 집에서 멀지 않는 중국집으로 향했다.

카운터에 들어서서 "애기들이 셋이나 있어서 그런데, 혹시 남아 있는 방이 있을까요?"라고 물어봤더니, 원래 예약이 다 차 있었는데 마침 한 팀이 방금 예약을 취소했다며 2층 방으로 안내하겠다고 했다.

아이들을 데리고 2층으로 올라가니, 우리 다섯이 함께하기 딱 좋은 크기의 식탁이 놓여 있었고, 막내 이도를 위해 유아용 의자와 수저 세트도 갖다 주셨다.

각자 자리를 잡고 나서 선율이가 잠시 화장실을 다녀온다고 나갔는데, 돌아오는 길에 갑자기 선율이 특유의 목소리로 깔깔거리면서 들어왔다.

"아빠, 아빠가 김 교수님이야?"

"응? 그게 무슨 소리야?"

알고 봤더니, 방 입구에 커다랗게 '김 교수님'이라고 적혀 있는 종이가 붙어 있었다. 정황상 오늘 이 방을 예약했다가 급하게 취소한 분이 아마도 '김 교수님'이었나 보다. 오늘 예약도 안하고 늦게 왔는데, 김 교수님 덕분에 이렇게 방에서 오붓하게 저녁을 먹을 수 있었다.

'김 교수님, 고맙습니다.'

메뉴판을 보고, 각자 먹고 싶은 걸 하나씩 주문하기로 했다. 나는 삼선짬뽕, 아내는 특제밥, 아이들은 게살스프, 그리고 요리로 유린기를 하나 시켰다. 그러고 나서 칭타오 맥주를 한 병 시켜 아내랑 '짠' 하고 마시는데, 그날 따라 맥주는 왜 이렇게 시원하고 맛있던지.

가끔 그런 날이 있지 않나.

특별한 일이 없는 날인데,

마음이 무척 만족스러운 날.

그날은 우리에게 그런 날이었다.

아직도 아내와 내가 익숙해지지 못하는 부분이 있다. 대학 1학년 때 만나 써브웨이에서 샌드위치를 하나 시킬 때도 주머니 사정을 걱정해서 먹고 싶은 걸 못 시키고 제일 저렴한 '오늘의 샌드위치'를 주문하던 우리가, 이제는 크게 지갑 걱정을 하지 않고 음식점에 와서 아이들이 먹고 싶어하는 메뉴를 마음껏 시킬 수 있다는 부분이 그렇다 (물론 너무 비싼 음식점은 제외하고). 올해로 연애 20년 차인 아내와 나는 그 사실이 여전히 낯설다.

학림다방

아내와 간만에 대학로에서 점심을 먹고 우리가 좋아하는 학림다방으로 향했다.

서울대학교병원 주위 약국 건물 옆, 사람 한 명 겨우 들어갈 수 있는 좁은 입구가 있고 그 입구로 들어서 층계가 높은 계단을 걸어 올라가면 오래된 나무 문이 나온다. 그 문을 들어서면 태곳적 이 장소가 대학로에 자리 잡은 1956년의 모습 그대로를 간직한 학림다방이 있다.

독특한 1.5층의 복층 구조, 낡은 패브릭 소파와 낮은 사각 테이블, 짙은 커피 원두향과 함께 묵직한 클래식이 커다란 원목 스피커에서 흘러나온다.

이 작고도 낭만 가득한 공간 학림다방은 현 시대의 디지털 카메라로는 담기 힘든 그 시절의 필름 카메라에만 묻어날 낡고도 짙은 감성을 고스란히 담고 있다.

학림다방이 대학로 119번지에 자리잡아 개업을 한 1956년, 당시에는 서울대학교 문리과대학이 대학로에 위치해 있었다. 대학 시절 내가 품에 끼고 살았던 에세이 『그리고 아무말도 하지 않았다』의 전혜린 작가가 학림다방 구석 테이블에 앉아 글을 썼고, 국민가요 〈아침 이슬〉의 김민기 작곡가가 곡을 썼으며, 가수 김광석이 기타를 치며 목놓아 노래를 부르던 공간이 바로 이곳 학림다방이다.

다방 안으로 들어가면 우리가 좋아하는 창가 자리가 나온다. 커다란 통 유리 창가 앞자리에 앉으면 길 건너편 은행나무가 서 있는 대학로와 마로니에 공원 입구, 그리고 담쟁이덩굴로 덮인 붉은 벽돌 건물(구 샘터 사옥)이 한 눈에 보인다.

20여 년 전 대학로에서 처음 만나 추운 겨울 서로의 손을 꼭 붙잡고 마로니에공원을 거닐었던 두 젊은이가, 이제 아이 셋의 엄마 아빠가 되어 창가 밖 같은 곳을 바라보고 앉아 있다. 대학 시절 처음 학림다방에 왔을 때는 20년 뒤 우리가 이렇게 같은 곳을 바라보고 있을지 상상하지 못했다.

평일 오후 작은 그 공간에서 묵직한 스피커에서 흘러나오는 클래식을 들으며 커피 향에 취해 조용히 이야기를 나눈 짧은 시간이 주는 정서적 만족감이 무척이나 컸다. 바쁜 일상으로 채워진 서울의 시간 속에 고립된 섬처럼 존재하는 학림다방이 주는 공간적 아우라에 취해 한 시간 남짓한 시간 동안 나눈 그날의 대화가 지난 한 달간 아내와 내가 나눈 그 어떤 대화보다도 깊은 교감을 주었다.

이곳에 오면 항상 그랬던 것 같다. 우리가 수도 없이 거닐었던 마로니에를 향하고 있는 창가 자리에 앉아 과거의 가장 기억하고 싶은 둘만의 순간들을 꺼내어 대화를 나누는 그 단순한 행위만으로도, 우리가 일상을 살아갈 수 있는 정서적 에너지를 듬뿍 충전하고 갔던 것 같다.

누구에게나 그런 공간이 있다.
삶의 이야기를 가득 품고 있는 공간.
그냥 거기에 가면 자연스럽게 대화가 이어지는 공간.
힘들 때 잠시 와서 가만히 머무르다 가고 싶은 공간.
꼭 그 사람하고만 가고 싶은 공간.

우리에게 학림다방은 그런 공간이다.

인생의 시계에 순간을 각인하는 방법

내가 암스테르담에 살 때 일이다. 친구 상혁이가 중요한 시험을 위해 네덜란드에 온다고 했다. 디자인을 전공한 상혁이가 그토록 가고 싶어 했던 네덜란드 디자인 아카데미 아인트호벤(DAE)에서 면접을 보러 오라고 연락이 왔다고 했다.

당시 나는 교환학생으로 유럽에 건너온 지 불과 두세 달 남짓 되었던 무렵이었는데, 상혁이가 인터뷰 전에 일주일 정도 내 기숙사에 머물 수 있냐고 물어왔다. 서울에서 함께 쪽방 생활을 했던 상혁이가, 어쩌면 그의 인생에서 가장 중요한 시험을 보러 온다고 하는데 안될 리 만무했다. 그렇게 상혁이는 암스테르담에 위치한 내 기숙사로 건너왔다.

2007년 4월 18일, 아침 일찍 상혁이와 나는 기차를 타고 아인트호벤으로 향했다. 아인트호벤 역에 도착하자마자 허기진 배를 채우기 위해 써브웨이에 가서 샌드위치를 시켜 먹은 후 시내를 가로 질러 인터뷰가 예정된 학교로 향했다.

면접 대기실에는 짙은 색깔을 띤 커다란 나무 책상이 놓여 있었다. 상혁이는 지난 수년간 쌓아온 자신의 디자인 작업 결과물을 정리한 포트폴리오를 가방에서 꺼낸 다음, 책상 위에 놓고 자신이 만든 작품 하나 하나를 살펴보며 차분하게 복기해 나갔다.

포트폴리오 페이지 중간에는 노란색 포스트잇들이 붙어져 있었는데, 그것은 면접 때 자신의 작품을 어떻게 영어로 설명할지 혼자 수없이 고심해서 적어 둔 자기만의 면접 힌트 쪽지였다. 혁이는 그 포스트잇을 하나씩 읽은 다음, 이것을 떼어 나가는 방식으로 면접 전 마지막 10분을 활용했다. 지난 시간 동안 공들여온 상혁이의 인생 작품들이 10분으로 압축되는 순간이었다.

상혁이가 포트폴리오를 들고 면접실로 이동했다. 면접실과 대기실은 얇은 불투명 창으로 분리되어 있었는데,

대기실에 앉아 있던 나는 옆에서 면접이 진행되는 소리를 다 들을 수 있었다. 다소 떨리는 목소리로 상혁이는 자신의 작품들을 생전 처음보는 네덜란드 출신 디자이너들에게 설명했다. 면접관 중 두 명은 디자인 아카데미의 교수들이었고, 또 한 명은 디자인 아카데미에서 공부하고 있는 학생이었다.

차분하게 시작된 면접이었지만 면접관들은 흥미로운 마음으로 상혁이의 설명에 귀 기울이고 있음을 느낄 수 있었다. 그들은 중간중간 상혁이에게 질문을 던지기도 했는데, 그 공간에서 국경을 초월한 네 명의 디자이너들이 뿜어 내는 에너지가 강렬했다. 그 순간은 아시아 변방의 작은 나라에서 온 자기의 디자인이 어디쯤 위치해 있는지 잘 알지 못하는 젊은 디자이너 이상혁이 디자인 강국 네덜란드의 인정받는 디자이너들과 연결되는 순간이었다.

30여 분의 인터뷰를 마치고 상혁이는 별도의 대기실에서 결과를 기다렸다. 상혁이는 면접관들의 대화를 듣지 못했지만 나는 세 명의 면접관들이 특유의 거칠고 독특한 네덜란드어 악센트로 상혁이의 작품에 대해 나누는 이야기를 들을 수 있었다. 정확한 뜻을 이해하지는 못했지만 나는 면접 결과를 충분히 예상할 수 있었다.

곧 그들은 상혁이를 다시 면접실로 불렀다. 그리고 그중 면접을 이끌었던 교수가 상혁이에게 이렇게 이야기했다.

"리(Lee), 너 축구 좋아해? 너는 이제부터 아인트호벤에서 직접 축구를 볼 수 있을 것 같아. 정말로 축하해."

면접실과 대기실을 막고 있는 불투명 유리창 뒤에서 나는 두 주먹을 불끈 쥐었다. 곧이어 상혁이가 함박 웃음을 띄면서 대기실로 뛰어왔다. 우리 둘은 얼싸안고 한참 동안 서로의 어깨를 두드렸다.

아인트호벤에서 기차를 타고 암스테르담으로 돌아온 다음, 5번 트램을 타고 시내 중심부에 내렸다. 그리고 이 순간을 어떻게 축하할까 고민하다가 눈에 보이는 이탈리안 레스토랑에 들어갔다. 그곳에서 피자 두 판과 하우스 와인 두 잔을 시킨 다음 우리 둘은 축배를 들었다. 그리고 이 장면은 꼭 남겨둬야 될 것 같아 웨이터에게 사진을 찍어 달라고 부탁했다.

그로부터 15년이 훌쩍 지난 지금까지도 상혁이는 유럽에 있다. 아인트호벤에서 학교를 마치고, 베를린으로 넘어가서 그곳에서 일본인 아내를 만나 작품 활동을 하며 딸 소와와 함께 훌륭한 디자이너로 행복한 삶을 살아가고 있다.

서울과 베를린은 시차가 7시간이나 차이 나지만, 나는 상혁이와 매주 카카오톡 메신저를 하고 시시콜콜한 일상의 대화들을 주고받는다. 가끔은 영상 통화를 하며 함께 맥주를 마시기도 하고, 상혁이가 작품 전시를 하러 한국에 오면 그렇게 먹고 싶어하는 곱창을 구워 소주잔을 기울이기도 한다.

어제도 상혁이와 카카오톡 메신저로 이야기하다가 문득 상혁이의 디자인 아카데미 아인트호벤 합격 날 이야기가 나왔다. 그래서 외장형 하드디스크 사진 폴더 중 2007년 폴더에 저장된 '상혁이 합격 날'의 사진들을 뒤져보니, 그날 상혁이와 함께한 순간들이 고스란히 저장되어 있었다.

그날 아침에 일어나서 기숙사를 함께 나서는 순간부터, 샌드위치를 먹던 모습, 대기실에서 상혁이가 포스트잇을 떼면서 마지막으로 복기하는 장면, 상혁이가 면접실로 들어가는 뒷모습, 상혁이가 합격 소식을 듣고 기뻐하며 나오는 순간, 아인트호벤 역에서 둘이서 얼싸안는 모습, 암스테르담 이탈리안 레스토랑에서 싸구려 하우스 와인을 마시며 행복해하는 모습까지….

그날을 꼼꼼하게 기록해둔 덕분에 우리 둘은 2007년 4월 18일로 타임머신을 타고 가서 한참 동안 그날의 아인트호벤과 그날의 암스테르담을 느낄 수 있었다. 그리고 상혁이 인생의 가장 결정적인 장면 중 한 순간에 내가 함께 있었고, 그 순간을 곁에서 기록할 수 있었음이 커다란 행운이라는 생각이 들었다.

기록하며 살아간다. 기록은 찰나의 번거로움이 동반되지만, 그것이 주는 보상은 훨씬 크다. 십 수년 뒤 그 순간을 다시 꺼내고 싶을 때 아무것도 남아 있지 않는 당혹감과 허탈함을 생각하면 이 정도 수고로움은 충분히 감내할 만하다는 것을 나는 경험으로 알고 있다.

때와 장소, 상황에 따라 기록을 남길 수 있는 방법은 다

양하다. 가장 간단한 방법으로는 핸드폰으로 사진이나 영상을 촬영할 수 있다. 아이들이 새벽에 곤히 자고 있는 모습이나, 아이들이 자다가 일어나 엄마 아빠를 찾아서 입을 삐죽거리며 방에서 나오는 모습은 수백 장을 찍어 두었다. 나와 아내가 눈에 담고 싶고 마음에 박제하고 싶은 순간이기 때문이다. 때론 드론을 띄우기도 하는데, 새의 시각으로 바라보는 풍경과 사람의 모습은 또 다른 재미를 선사한다.

요즘은 어머니와 아버지, 장인어른과 장모님의 전화 통화를 녹음을 해 둔다. 아이들 영상은 많이 남기지만 어른들의 영상은 거의 남기지 않는 경우가 많은데, 이 다음에 그들의 부재가 사무치게 그리울 때, 그들의 목소리를 듣고 싶은데 남은 게 사진밖에 없을 듯해 양가 부모님의 전화 통화를 녹음해 두고, 영상도 기회가 될 때마다 남긴다.

비교적 긴 시간의 정취를 기억에 담고 싶을 때는 그 기간 동안 들을 음악 리스트를 미리 선정해서 간다. 윤규, 소영, 한이, 재언이 함께한 스페인 자동차 여행 내내 우리는 영화 〈어바웃타임〉 OST를 들었는데, 지금도 라디오에서 일 몬도(Il Mondo)가 흘러나오면 스페인 소도시 뒷골목 어딘가를 헤매며 돌아다니던 30대 초반의 우리 넷의 모습이 떠오른다.

해외에서는 엽서를 한 장 골라 그 엽서에 아름다운 순간의 기억들을 기록해서 귀국 전 미래의 나에게 보내는 것도 기억을 간직하기 위한 나만의 방법 중 하나이다. 발송지가 해외일 경우 해외에서 보낸 엽서는 통상 도착까지 몇 주의 시간이 걸리는데, 일상으로 복귀해 있는 미래의 류재언이 과거의 류재언으로부터 엽서를 받는 순간 제법 짜릿한 기분이 느껴진다.

나는 기록 예찬론자다. 기억하고 싶은 순간을 기록하는 행위 자체가 주는 즐거움도 크고, 나중에 정성스럽게 기록된 순간을 꺼내서 봉인 해제할 때 코 밑으로 훅 들어오는 과거의 향수를 느끼는 행복감도 상당하다. 그런 의미에서 흘러가는 시간과 변화하는 공간 속에 한없이 작고 유한한 존재인 우리가 행복감을 느끼며 살아가는 비밀 중 하나가 기록이라는 생각이 든다.

기억하고 싶은 장면,

분명히 그리워할 순간을 마주할 때,

나는 그 순간을 기록한다.

오늘도 새벽에 쌔근쌔근 잠자고 있는 아이들에게 이불을 덮어주고 나와 서재에 앉았다. 듣고 싶은 음악을 작게 틀고 따뜻한 차를 한 잔 마시며 어제를 떠올리고 과거의 순간과 감정을 마주하고 이를 글로 정리하고 기록해 본다. 소소하게 반복되는 일상의 순간을 틈날 때마다 기록하는 습관이, 인생의 시계에 순간을 각인하는 나만의 방법이다.

마치는 글

이 책을 쓰는 내내 행복했다.

내 인생의 골목 곳곳에서 나에게 말 걸어 주고, 조언해 주고, 내 손을 잡아 준 소중한 인연들과 다시 대화하는 기분이 들었기 때문이다. 나를 나답게 하는 말을 건넨 모든 분들께 고마운 마음을 전한다.

그리고 앞으로 다가올 인연들과 밀도 있는 대화를 나눌 수 있길 희망한다.

대화의 밀도

나를
나답게 하는
말들

ⓒ 류재언, 2022

1판 1쇄 2023년 1월 20일
1판 7쇄 2024년 9월 7일

지은이. 류재언
펴낸이. 류재언

편집. 박지혜 디자인. 석윤이
펴낸곳. 라이프레코드(비즈니스인사이트그룹 주식회사)
주소. 서울시 성동구 광나루로 2길 20, 2층 전화. 02-498-2096
이메일. liferecord.book@gmail.com

ISBN 979-11-981122-9-3